팍스 아메리카나 3.0
다시 미국이다

함재봉, 모종린, 오정근 외

목차

서문 함재봉 | 06

제1부   총론: 미국 힘의 원천-창조적 파괴 함재봉 | 12

제2부   미국 경제 부활의 비밀 | 35

1장. 회복의 출발점-셰일가스 혁명 최현정 | 36
2장. '양적 완화'의 경제학 오정근 | 49
3장. 부활하는 제조업 고명현 | 60
4장. 돌아온 금융산업과 벤처캐피털 오정근 | 72
5장. '케인지언 외길' 추구한 대통령들 제임스 김 | 87

제3부   미국의 '펀더멘털' | 111

6장. 하이테크 다시 장악한 미국 오정근, 모종린 | 112
7장. 미국 경제의 최고 자산-인구와 이민 모종린 | 124
8장. 혁신 이끄는 엔진-명문대 고명현 | 134
9장. '미국판' 경제·군사 병진 정책 최강 | 145

집필진 약력 | 160

표

표 1	국가별 실질 GDP 성장률	13
표 2	중국 연간 GDP 성장률	13
표 3	2013년도 셰일가스 보유량	23
표 4	미국과 여타 선진국의 총 인구수 비교	26
표 5	미국의 셰일가스 개발에 따른 경제 파급효과 및 전망	44
표 6	미국의 비전통적인 통화정책 추진내용	55
표 7	제조업 중심 주들의 높은 경제성장률	62
표 8	세계 10대 주식시장 시가총액(2012)	74
표 9	주요 국제금융시장 외환거래	76
표 10	주요 국제금융시장별 일거래량 비중	76
표 11	미국 금융산업 경쟁력과 벤처금융 가능성	77
표 12	실리콘밸리의 벤처투자규모	83
표 13	연구개발비 투자 상위 20개 기업	113
표 14	2001~2014년 실리콘밸리 벤처캐피털 투자액	115
표 15	주요국 출산율 추이(2008~2012)	128
표 16	국제랭킹 비교: 톱 20 대학 순위	135
표 17	국가별 미국 유학생 수	139
표 18	대표적 STEM 분야 외국인 학생 비율(2003)	140
표 19	대학 중심 혁신 클러스터	143
표 20	BCA/BBA 기준 전력구조(회계연도 2016~2019)	148
표 21	미국 경제성장률과 국방비 지출	150
표 22	미국·중국·러시아 군사력 비교	152

그림

그림 1	미국의 Railgun과 Northrop Grumman X-47B	31
그림 2	미국의 셰일가스 확정매장량(2007~2013)	38
그림 3	유정 종류에 따른 미국 천연가스 채굴량(2007~2013)	40

그림 4	미국의 석유와 천연가스 순수입량(1981~2013)	41
그림 5	미국의 주요 에너지 시장가격(1995~2013)	43
그림 6	미국의 천연가스 생산량 및 전망(2007~2040)	46
그림 7	미국 주요 경제지표	49
그림 8	20개 도시 Case-Shiller 주택가격지수 변동추이	50
그림 9	미국 가계부채/가처분소득 비율 변동추이	51
그림 10	미국의 금리와 본원통화량 변동 추이	56
그림 11	2012년 미국 경제활동 부문 당 GDP 변화 기여도	63
그림 12	미국·영국·일본의 천연가스 가격 비교	65
그림 13	미국 가스·전기 가격의 국제 경쟁력 비교	66
그림 14	미국과 다른 나라의 제조비용 비교(2015)	66
그림 15	테슬라 모델 S와 구글의 무인 자동차	69
그림 16	세계 100대 은행 국가별 분포	73
그림 17	세계 10대 주식시장 시가총액(2012)	73
그림 18	미국 다우지수(1993~2013)	75
그림 19	미국 주식시장 시가총액(1990~2012)	75
그림 20	주요 국제금융시장별 일거래량 비중	77
그림 21	미국 금융산업 경쟁력과 벤처금융 가능성	78
그림 22	벤처캐피털 가능성(2014)	83
그림 23	미국 여론과 투표율	88
그림 24	미국 의회의 양극화와 입법 생산성(1947~2013)	90
그림 25	경제 성장과 고용·실업률	92
그림 26	미국 대침체와 경기회복 연대표(2006~2014)	94
그림 27	국가별 경제성장률(1980~2014)	98
그림 28	정치체제변동의 개연성	105
그림 29	국가별 부채 비율(2008~2014)	106
그림 30	미국 인구와 정부 예산지출	107
그림 31	세계 기금 순위 톱 50개 대학	136
그림 32	대통령 예산안 국방부 예산 추이(회계연도 2001~2020년)	155

서문

함재봉
아산정책연구원 원장

　최근 몇 년간 국제정치의 기본 가정은 '중국의 부상'과 '미국의 쇠퇴'였다. 30년간 지속된 경제성장으로 중국은 무서운 기세로 떠오르는 반면 미국은 세계 도처에서 끝 모를 전쟁의 수렁에 빠진 데다 전대미문의 경제위기마저 겹쳐 빠른 속도로 힘을 잃어가고 있다는 것이 중론이었다.
　미국이 쇠퇴하고 있다는 가정하에 중국과 러시아, 이란, 베네수엘라 등의 국가들은 미국의 패권에 도전하기 시작하였다. 한국과 EU, 일본, 호주 등은 미국의 쇠퇴를 걱정하면서 중국, 러시아 같이 새롭게 부상하는 국가들과의 타협을 적극적으로 모색하기 시작하였다. 미국의 쇠퇴를 전제로 국가들 간 새로운 합종연횡이 일어나기 시작한 것이다.
　그러던 중 뜻밖에도 미국 경제가 회복되고 있다는 신호가 여기저기 나타나기 시작했다. 쇠퇴하고 있다던 미국 경제가 고속성장을 하고 실업률이 급락하고 증시가 사상최대 활황을 맞기 시작했다. 미국 쇠퇴론에 대한 근본적인 재검토가 필요했다. 중국의 부상은 부정할 수 없는 사실이지만 미국의 쇠퇴는 과연 사실인가? 미국이 쇠퇴하고 있다는 구체적인 증거는 무엇인가? 우리가 간과하고 있던 미국의 힘은 무엇일까?

이 책은 우리 자신들에게 던진 이러한 일련의 질문에 대한 우리들의 답이다. 이 책을 쓰는 과정에서 우리는 미국을 새롭게 인식하게 되었다. 전혀 예상하지 못했던 분야에서 미국이 무서운 경쟁력을 나타내고 있음을 배웠고 완전히 새로운 기술과 산업을 만들어내는 놀라운 창의력을 목격하였다. 새삼스럽게 미국대학과 이민정책의 우수성을 깨달았고 국방에 대한 투자의 규모에 놀랐다. 그리고 미국이 경제회복을 바탕으로 다시 한번 국제사회에서 강력한 리더십을 발휘할 '팍스 아메리카나 3.0'의 시대가 열리고 있음을 직감할 수 있었다.

《팍스 아메리카나 3.0》은 서문과 3부, 10개의 글로 구성돼 있다.

제1부, 총론: 미국 힘의 원천-창조적 파괴

미국은 주기적으로 '쇠퇴론'에 시달려왔다. "미국의 시대는 끝났다"고 주장하는 '미국 쇠퇴론'은 1950년 냉전 초기부터 시작해 70년대, 80년대, 90년대에 걸쳐 미국이 조금만 휘청거리면 예외 없이 등장했다. 최근의 경제 위기 때도 마찬가지였다. 그러나 쇠퇴론이 무색하게 미국은 늘 화려하게 부활했다. 이번 금융위기도 마찬가지로 극복했다. 부활의 힘은 어디서 나올까. 창조적 파괴다. '내부로부터 끊임없이 혁신시키고, 옛 것을 끊임없이 파괴하며, 새로운 것을 끊임없이 창조해내는 돌연변이 과정' 때문이다. 총론은 미국만의 독특한 힘, 창조적 파괴를 통사적으로 살핀다.

제2부. 미국 경제 부활의 비밀

금융위기가 어떻게 극복됐는지를 셰일가스 혁명, 통화정책, 제조업의 변화, 되살아난 금융산업, 정치의 역할 등 5개 핵심 키워드를 통해 살핀다.

1장. 회복의 출발점-셰일가스 혁명 모든 것의 출발점이 된 셰일가스 혁명을 설명한다. 수평시추·수평파쇄라는 혁신적 채굴 기술로 생산이 늘어난 셰일가스와 석유가 제조 원가 하락, 가계 소득 증대를 비롯해 경제 전반에 미친 긍정적 효과를 분석했다.

2장. '양적 완화'의 경제학 경기회복의 결정적 두 요소인 가계 소득 증대와 기업투자 증가를 위한 정부정책을 설명한다. 아울러 경기회복을 설명하는 데 있어서 빠질 수 없는 양적 완화 통화정책에 대한 설명과 그 주인공 벤 버냉키 연방준비제도이사회 의장에 대한 소개도 곁들였다.

3장. 부활하는 제조업 제조업의 전반적인 회복을 설명한다. 셰일혁명→석유·가스 가격의 하락→전기 가격의 하락→제조 원가 하락→경쟁력 강화로 이어진 선순환이 중화학 공업에서 나타나는 과정을 분석했다. 자동차 같은 아날로그 제품의 설계, 제조 등 모든 과정을 디지털과 결합시켜 혁신을 꾀하는 첨단분야의 움직임도 보여준다.

4장. 돌아온 금융산업과 벤처캐피털 경제위기를 초래한 금융산업에 가해진 개혁의 메스, 이를 통해 안정성과 '위기 이전의 경쟁력'을 회복한 금융 분야, 그에 따른 반사효과로 강해진 벤처 분야의 경쟁력을 다룬다.

5장. '케인지언 외길' 추구한 대통령들 미국 정치와 경기회복의 상관 관계를 다룬다. 미국 정치는 요즘 공화·민주당의 갈등으로 양극화돼 있다. 정치권에 대한 국민의 신뢰도 바닥 수준이다. 그런데도 미국 정부는 경기회복을 이뤄냈다. 정치와 경제의 상관 관계가 어떻길래 이런 긍정적인 결과가 나올 수 있었는지를 살핀다. 사유재산권, 케인지언이 키워드다.

제3부. 미국의 '펀더멘털'

경기회복의 저력이 된 구조적 요인에 집중한다. 어떤 위기에도 미국이 버틸 수 있게 해주는 근본적인 힘이다.

6장. 하이테크 다시 장악한 미국 경제회복을 선두에서 이끈 미국 하이테크·벤처 분야에선 무슨 일이 벌어졌는가. 그들의 저력을 통계로 드러내고 저력의 배경을 '6대 문화적 요인'으로 설명한다. 아울러 실리콘밸리 외에도 요즘 떠오르는 미국 벤처의 요람들도 소개한다.

7장. 미국 경제의 최고 자산-인구와 이민 버락 오바마 대통령은 2014년 11월 20일 이민 개혁안을 발표했다. 정치적 반발을 무릅쓴 선택이다. '이민 정신'이 투철한 나라 미국. 경제회복에서 이민이 제공한 동력을 알아본다.

8장. 혁신 이끄는 엔진-명문대 저명한 세계 대학평가에서 미국 대학은 톱 20의 압도적 다수를 차지한다. 강한 대학은 강한 경쟁력으로 미국 경제회복을 뒷받침한다. 대학 경쟁력이 산업 경쟁력으로 이어지는 과정도 살펴본다.

9장. '미국판' 경제·군사 병진 정책 경기회복이 미국의 글로벌 군사력에 미치는 영향을 살피는 글이다. 사실 미국의 국방력은 경기의 순환과 관계 없다. 통계를 보면 경기가 나빠도 필요하면 국방비를 지출했고, 좋아도 필요 없으면 하지 않았다. 그럼에도 경기회복은 '재정지출 적자의 압박 감소→시퀘스트레이션(연방예산 자동삭감)으로 인한 국방예산의 감축 규모 재조정'이란 여지를 남긴다. 그 여분은 국방력의 강화로 나타날 것이다. 벌써 2016년 국방예산안에는 그런 상황이 반영되어 있다.

《팍스 아메리카나 3.0》은 미국부활의 비밀에 대한 아산정책연구원의 연구결과를 담았다. 독자들이 국제정세의 현주소를 정확하게 파악하는 데 도움이 되기를 바란다. 또한 '팍스 아메리카나 3.0'의 시대가 국제정세에 어떤 영향을 미칠지, 특히 우리의 외교안보 정책에 어떤 영향을 줄 것인지 등에 대한 활발한 논의를 촉진시킬 수 있길 바란다.

끝으로 이 프로젝트를 제안하고 시종일관 함께 해주신 모종린, 오정근 두 교수님께 특별한 감사의 말씀을 드린다. 의기투합해서 좋은 원고를 써 준 연구원 박사들에게도 감사의 마음을 전한다. 책이 나오기까지 많은 고생을 한 편집실의 안성규 주간, 김보아 연구원, 권은율 연구원, 출판실의 최부일 주간, 박주영 전문원, 외교안보센터의 이성원 연구원에게도 고마움을 전한다.

제1부 | 총론
미국 힘의 원천-창조적 파괴

함재봉

제1부
총론: 미국 힘의 원천-창조적 파괴

함재봉
아산정책연구원 원장

1. 미국의 귀환

"미국이여, 우리는 많은 것을 견뎌왔습니다. 다시 일어나기 위해 이를 악물고 땀을 흘렸습니다. 아직도 우리 앞에는 많은 과제가 놓여있습니다. 그러나 이것만은 분명합니다. 위기의 그림자는 지나갔고 오늘 우리 합중국은 강합니다!" 지난 1월 20일 버락 오바마 대통령이 연두교서 연설 중 힘차게 선언했다.[1]

미국에서는 대통령의 연두교서를 'State of the Union Address', 말 그대로 '합중국의 상태'라고 부른다. 나라가 어떤 상태에 있는지에 대한 대통령의 의견을 매년 초 의회에서 상·하원 합동 연설을 통해 발표한다. 지난 한 해를 되돌아 보고 앞으로 1년간 어떤 철학을 바탕으로 어떤 정책을 우선해 국정을 이끌어갈지 국민들에게 설명하고 설득하며 호소하는 자리다. 대통령들은 아무리 상황이 좋지 않아도 긍정적인 측면을 부각시

---

1. 2015년 1월 20일 버락 오바마 대통령의 연두교서.

키고 국민들의 용기를 북돋아주고 지지를 얻고자 하기 마련이다.

그러나 미합중국의 상태가 매우 강하다는 오바마의 자신감 넘치는 진단은 과장이 아니었다. 미국 경제는 2014년 2/4분기에 4.6%, 3/4분기에는 연 5% 성장률을 기록했다.[2]

〈표 1〉 국가별 실질 GDP 성장률

(단위: %)

국가	2014e	2015f
미국	2.4	3.2
유럽	0.8	1.1
일본	0.2	1.2
영국	2.6	2.9
러시아	0.7	-2.9
중국	7.4	7.1

자료: *Global Economic Prospects*, January 2015, World Bank.
주: e) estimate, f) forecast.

〈표 2〉 중국 연간 GDP 성장률

(단위: %)

2000~2010	2011	2012	2013	2014e	2015f	2016f	2017f
10.5	9.3	7.7	7.7	7.4	7.1	7.0	6.9

자료: *Global Economic Prospects*, January 2015, World Bank.
주: e) estimate, f) forecast.

---

2. 중국의 성장률은 여전히 7%대를 유지하고 있다. 그러나 장기적인 추세를 보면 미국의 경제 성장엔 가속도가 붙고 있지만 중국 경제성장률은 하향 곡선을 그리고 있다.

미국 경제는 2014년 한 해 동안 2백95만 개의 일자리를 창출하였다. 실업률은 5.6%로 떨어졌다. 경제학자들이 보는 미국의 '꿈의 실업률' 5.2~5.5%에 거의 근접했다는 얘기다.

놀라운 일이다. 세계 최대의 경제가 역동적으로, 무서운 속도로 다시 커지고 있다. 미국 증시는 금융위기 이전의 수준을 넘어섰다. 애플과 구글, 페이스북 등이 버티고 있는 미국의 IT 산업은 그 누구도 따라가지 못하고 있다.

미국 경제의 부흥은 금융이나 IT 등 특정 분야에 국한된 것이 아니다. 미국 경제의 부흥은 전방위적이다.

사양산업 취급을 받으며 정부 지원 없이는 생존조차 불투명해 보였던 미국의 자동차 산업이 돌아왔다. GM은 다시 세계 1위의 자동차 회사가 되었다. 재래식 자동차 산업의 회복에만 그치지 않는다. 테슬라가 세계 전기 자동차 시장과 기술을 압도적으로 선도하고 구글과 애플이 무인 자동차 시장을 주도해 나가고 있다. 자동차 산업뿐 아니다. 2012년 이후 제조업은 미국 경제 성장에 가장 많이 기여하는 부문으로 떠올랐다.

그러나 미국 경제의 역동성을 가장 잘 대변하는 분야는 뭐니뭐니해도 에너지산업이다. 미국은 2013년 러시아를 추월하여 세계 최대 에너지 생산국으로 자리잡았고 2015년에는 사우디아라비아를 넘어 세계 최대 산유국이 될 전망이다. 미국 에너지산업이 폭발적으로 성장함에 따라 2008년 8월 140달러였던 국제유가는 2015년 2월 11일 49달러로 떨어졌다.

2. 미국이 돌아왔다

예상치 못한 일이다. 우리는 왜 미국의 귀환을 예측하지 못했을까? 최근 몇년 사이 미국 경제의 회복 징후가 도처에서 보이기 시작했음에도 왜 계속 미국을 과소평가하고 있었을까?

착시현상 때문이었다. '중국의 부상'과 '미국의 쇠퇴'라는 피상적인 인식의 틀에 갇혀 있었다. 요즈음도 대부분의 국제 정세 분석은 중국의 부상에 초점을 맞추고 있다. 중국의 총생산이 언제 미국의 총생산을 앞지를지, 중국이 미국의 패권에 계속 도전하면 국제질서가 어떻게 재편될지를 분석하느라 분주하다. 반면 이라크 전, 아프가니스탄 전, 금융위기 등으로 지친 미국은 쇠퇴의 길을 걷고 있다는 진단이 주류를 이룬다. 모두 금융위기, 재정적자, 막대한 전쟁비용 같은 일부 현상에 근거해 미국의 쇠퇴를 논하고 있다.

3. 미국 쇠퇴론의 역사

미국 쇠퇴론을 부추기는 중요 요인 중 하나는 이 담론이 지식인들에게 인기가 높다는 사실이다. 미국의 쇠퇴는 국제질서의 근본적인 재편을 뜻한다. 지식인들에겐 지금과는 전혀 다른 새로운 세상의 도래를 선포함으로써 예언자를 자처할 수 있는 좋은 기회이기도 하다. 좌파나 기타 다양한 유형의 반미지식인들에게는 반동적인 국제질서와 세계사의 흐름을 주도해 온 미국의 몰락을 논하는 것 자체가 지적 만족을 주는 일이기도 하다.

미국 쇠퇴론은 오랜 역사를 자랑한다. 1950년대의 쇠퇴론은 '소련이 미국을 추월한다'는 것이었다. 소련은 1949년 첫 핵실험에 성공하면서 핵무기 기술을 독점해 온 미국을 예상보다 빨리 따라잡았다. 소련 경제는 50년대 내내 연평균 6%씩 성장하면서 미국을 추월하는 듯 했다. 1956년 소련 공산당 서기장 흐루쇼프는 모스크바의 폴란드 대사관 리셉션에 온 서방 대사들 앞에서 "우리는 당신들을 묻어버릴 것이다"라고 호언했다. 1957년에는 인류 최초의 인공위성인 스푸트니크를 성공적으로 지구 궤

도에 올려 놓음으로써 과학기술에서도 미국을 앞선다는 평가를 받기 시작했다.

그러나 소련의 계획경제는 이미 이때부터 한계에 몰리기 시작하였다. 1960년대 들어 연평균 경제성장률은 3%대로 떨어졌고 1970년대에는 2%대, 1980년대는 1%대로 계속 낮아지면서 결국 1980년대를 못 넘기고 붕괴했다.

1970년대 들어와 OPEC 석유파동과 월남전 패전, 워터게이트 사건 등으로 미국의 시련이 깊어지면서 미국 쇠퇴론이 또다시 대두됐다. 미국 경제는 깊은 불황과 물가 상승 현상이 동시에 나타나는 '스태그플레이션'에 빠졌다. 미국의 자랑이던 자동차·철강·조선 등 제조업과 중공업이 몰락하기 시작하였다. 1979년 테헤란의 미국 대사관이 과격파에 점령당하고 52명의 미국 외교관이 인질로 잡히면서 미국의 위상은 추락하였다. 군사구출작전마저 실패하면서 1년 넘게 이어진 인질사태는 미국의 시대가 끝나감을 보여주는 상징으로 받아들여졌다.

1980년대에는 '일본이 미국을 추월한다'는 담론이 지배했다. 1979년 하버드 대학교의 에즈라 보겔 교수가 쓴 'Japan as Number One: Lessons for America'라는 책이 당시의 분위기를 대표한다. 미국식 '포드 생산 방식'은 몰락하고 일본의 '도요타 생산 방식'이 제조업의 표준으로 떠올랐다. 미쓰비시사가 미국의 상징인 뉴욕의 록펠러 센터를 구입하고 소니사가 헐리우드의 상징인 컬럼비아 영화사를 사들이면서 일본 경제는 곧 미국 경제를 뛰어 넘을 것으로 예상되었다.

그러나 미국은 '레이건 혁명'이라는 구조 조정을 거친 뒤 다시 일어나기 시작했다. 동북부와 중부의 제조업·중공업이 무너진 공백에 서부 '실리콘밸리'라는 곳에 자리잡기 시작한 마이크로소프트·인텔·애플 등 신흥 회사들이 IT라는 새로운 산업을 일으키면서 세계 경제의 패러다임

자체를 바꾸기 시작하였다. 소련과 군비 경쟁을 벌인 공화당 정부가 '장기 집권(1980~1992년의 레이건과 '아버지 부시' 행정부)'하는 동안 미국의 방위산업체가 1980년대 내내 대(大)호황을 누렸고 그에 따라 항공우주와 무기 같은 첨단 기술 분야가 눈부시게 발전했다. 이때 개발된 첨단 전쟁 기술은 1990~1991년 걸프 전쟁에서 처음 공개되면서 그 위력을 유감없이 과시했다.

1991년 소련이 해체된 뒤 미국은 다시 세계유일 초강대국으로 떠올랐다. 미국 경제는 1990년부터 2000년까지 근 10년간 초호황을 구가하면서 이 기간 동안 무려 2,300백만 개의 일자리를 창출하여 2000년에는 실업률이 3.8%까지 내려갔다. 1992년 2,900억 달러였던 미국 정부의 재정적자는 2000년 2,360억 달러 흑자가 됐다. 미국 역사상 가장 긴 호황이었다.

그러나 2000년대에 들어 미국 쇠퇴론이 다시 고개를 들었다. 2001년 9.11 사태를 계기로 미국은 새로운 형태의 적 앞에 속수무책인 나라로 비치기 시작했다. 2001년 아프가니스탄 전쟁, 2003년 이라크 전쟁이 이어지면서 미국은 1990년대에 비축해 놓은 모든 경제력을 중동에, 테러와의 전쟁에 쏟아 붓는 듯 했다.

중국의 부상은 미국 쇠퇴론을 더욱 부추겼다. 1990년부터 2010년까지 연평균 10%의 놀라운 경제성장률을 보인 중국은 끝이 안 보이는 전쟁에 말려들어 고전을 면치 못하는 미국을 곧 따라잡을 것으로 예상되었다. 2008~2009년의 미국발 국제 금융위기는 결정타였다. 이때부터 국내외 많은 전문가들은 미국 경제가 겪는 어려움이 일부 부문에 국한된 문제가 아니라, 보다 근본적인 체제 차원의 문제라고 보기 시작했다.

소위 미국식 '신자유주의' 경제의 한계와 몰락에 대한 담론이 국내는 물론 전 세계적인 화두가 되었던 것도 바로 이때다. 신자유주의 비판론자들의 진단에 따르면 미국 경제가 1990~2000년 호황을 구가한 이유는 시장을 맹신하는 탐욕스러운 신자유주의자들이, 현란하지만 결국은 허상으로 드러난 친시장주의 정책에 의존해 부익부빈익빈의 거품을 형성했기 때문이다.

그러자 신자유주의에 대한 대안으로 북구와 독일처럼 사회민주주의 체제를 바탕으로 한 복지 국가에 대한 관심이 다시 일기 시작하였고 마르크스주의에 대한 관심도 재등장했다. 토마 피케티 교수의 신마르크스주의 선언문인 '21세기 자본론(Le capital au XXIe siecle)'의 출간은 이러한 담론의 절정이었다.

다른 한편에서는 중국과 러시아로 대표되는 '국가자본주의(state capitalism)'가 시장자유주의를 이길 것이라는 진단이 쏟아져 나오기 시작했다.[3] 미국보다 경제력이 강해질 중국이 세계 도처에서 미국 패권에 도전하면서 새로운 국제질서를 만들 것이라고 하였다.[4]

그러나 최근의 '미국 쇠퇴론' 역시 시기상조였다. 미국 경제는 신자유주의로 인해 자멸하고 있지 않고, 미국의 패권은 중국으로 넘어가고 있지 않다. 미국의 경제는 강력한 자정 능력과 회생 능력에 힘입어 부활하고 있다. 세계경제와 국제질서에 미치는 미국의 영향력은 그 어느 때보다 커지고 있다.

우리는 미국을 아는 것 같으면서도 제대로 모르고 있었다. 주기적으로 반복되는 '미국 쇠퇴론'에 현혹되어 무엇이 미국을 강하게 하는지 파악하지 못하고 있었다. 파악하려는 노력조차 기울이지 않았다.

---

3. Ian Bremmer, *The End of the Free Market: Who Wins the War Between States and Corporations?* (2010).
4. Martin Jacques, *When China Rules the World: The End of the Western World and the Birth of a New Global Order* (2010); Aaron L. Friedberg, *A Contest for Supremacy: China, America, and the Struggle for Mastery in Asia* (2012).

4. 무엇이 미국을 강하게 하는가?

그렇다면 무엇이 미국을 강하게 하는가? 미국 쇠퇴론이 머리를 들 때마다 이를 무색하게 만드는 미국의 저력은 어디에서 오는 것일까?

미국의 힘은 '창조적 파괴'를 가능케 하는 자유시장경제에서 나온다. 미국 경제학자 슘페터(Joseph Schumpeter: 1883~1950)에 의하면 창조적 파괴란 '경제체제를 내부로부터 끊임없이 혁신시키고, 옛 것을 끊임없이 파괴하며, 새로운 것을 끊임없이 창조해내는 산업의 돌연변이 과정'이다.

슘페터는 미국 중부의 철도 산업을 예로 든다. 미국 중부에 철도가 건설되면서 새로운 수익이 창출되고, 새로운 도시들이 생기며 대단위 개발이 이루어졌지만 동시에 농업은 '사형선고'를 받았다. 경제는 끊임없이 변하고 진화한다. 이 과정에서 많은 이윤과 일자리를 창출하던 기업이나 산업도 전혀 새로운 제품과 생산방식이 생겨나면서 도태된다. 도태되는 기업과 산업에 필요했던 전문기술이나 지식을 가졌던 사람들 역시 새로운 기술과 지식을 요구하는 기업과 산업이 출현하면 속수무책으로 도태된다.

미국의 철도 산업도 자동차 산업이 등장하자 사양길로 접어든다. 포드가 창안한 새로운 생산양식을 도입한 미국의 자동차 산업과 중공업과 제조업이 폭발적으로 성장하면서 미국 경제를 견인하기 시작한다. 그러나 영원할 것 같던 미국의 중공업과 제조업도 1970년대부터 급격히 기운다. 펜실베이니아, 오하이오, 인디애나, 미시간 등 자동차 산업과 중공업의 메카는 공동화되고 미국의 '산업 벨트(industrial belt)'는 '녹슨 벨트(rust belt)'로 전락했다.

미국의 쇠퇴, 미국 산업의 몰락이 화두가 되었다. 그러나 이러한 '파괴'의 와중에도 또 다른 '창조'가 움트고 있었다. '대형회사나 산업현장, 대학교에서나 사용되는 컴퓨터를 개인들도 사용할 수 있게 하겠다'며 스티브 잡스라는 21살짜리 사업가와 스티브 워즈니악이라는 26살 공학도가 설립한 애플 컴퓨터는 1976년 애플 I을 출시하였다. 이듬해에는 애플 II를 시장에 내놓았다. 개인 컴퓨터가 처음으로 대량 보급되기 시작하였다. 빌 게이츠라는 20세 대학 중퇴생이 1975년 설립한 '마이크로소프트'는 IBM 개인컴퓨터에 사용되는 소프트웨어 MS-DOS I을 1981년 출시했다. 30여 년이 지난 지금 애플은 세계에서 이윤을 가장 많이 내는 기업이 되었으며 마이크로소프트를 창업한 빌 게이츠는 부동의 세계 1위 부자다. 보다 중요한 것은 이들이 인류의 삶과 문명의 패러다임을 바꿔놨다는 사실이다. 1994년에는 아마존닷컴이, 2004년에는 페이스북이, 2006년에는 트위터가 창업되면서 IT 산업에서 미국의 주도권은 확고부동해졌다. 2007년에는 애플이 최초의 스마트폰인 아이폰을 출시함으로써 다시 한번 우리의 삶 자체를 바꿔놨다.

그러나 미국의 IT 산업에 성공담만 있는 것은 아니다. 슘페터가 말한 창조적 파괴는 끊임없이 계속되고 있다. 1972년에 창업된 컴퓨터 게임 업체 아타리사는 오늘의 컴퓨터 오락실과 비디오 게임 산업을 만들어낸 회사였다. 그러나 '1983년 북아메리카 비디오 게임 위기'때 휘청거리더니 1984년 파산해 해체됐다. 종합뉴스·방송·엔터테인먼트 부문에서 미국 최대 기업이었던 타임워너사와 1대 1 합병을 하며 한때 미국 인터넷 산업계의 총아로 떠올랐던 AOL(아메리카 온라인)사는 IT 업계에서 자취를 감췄다. 얼마 전까지 미국 컴퓨터 소매시장을 장악했던 델 컴퓨터 역시 새로운 수익모델을 찾지 못해 무너지고 있다.

5. 셰일 혁명

셰일가스 혁명은 '창조적 파괴'의 가장 극적인 예다. 셰일가스는 1882년 최초로 추출됐다. '수평시추공법'이라는 셰일가스 채굴 기술은 1930년 대에, 수압파쇄 공법은 1947년에 처음으로 사용되었다. 셰일가스의 가능성을 일찍 인지한 미국정부는 다양한 개발 지원정책을 폈다. 그러나 기존의 공법으로는 경제성을 확보할 수 없다는 판단하에 연방정부는 2000년부터 지원을 모두 끊었다.

그리스 이민자의 아들로 텍사스에서 태어난 조지 P. 미첼(1919~2013)은 텍사스 A&M 대학을 졸업하자마자 당시 텍사스의 많은 젊은이들처럼 석유사업에 뛰어들었다. 어느 정도 돈을 번 그는 1980년대와 1990년대에 텍사스의 바넷 셰일에서 수압파쇄공법을 계속 실험했다. 자기 돈 6백만 달러를 들여가며 1만 개가 넘는 유정을 팠다. 그 중 1천 개가 소위 '와일드캣 웰', 즉 전문가들이 보기에 가스나 석유를 찾을 가능성이 희박한 유정이었다. 그러나 그는 마침내 1998년 새로운 수압파쇄공법을 완성해 최초로 셰일가스를 1 MMBTU당 4달러 이하의 비용으로 추출하는 데 성공한다. 미국이 보유한 엄청난 양의 셰일가스와 석유가 경제성을 확보하는 순간이었다.

미첼은 미국 석유 산업사의 전형적인 인물이었다. 누구도 석유가 나올 것으로 생각하지 않는 곳을 자신의 경험과 직감, 끈기를 바탕으로 개발해 성공한 수많은 텍사스 석유 부호의 후예다. 동시에 그는 헨리 포드에서 스티브 잡스, 빌 게이츠에 이르는 창업자들이 보여준 미국형 기업가 정신의 전형이다. 남들이 불가능하다고 여기는 것, 남들은 미처 상상하지 못하는 세계를 개척한 사람이다.

미첼의 발명 덕분에 미국의 셰일가스 생산량은 2007년에서 2012년 사이 매년 50%씩 성장하였다. 2001년에 미국전체 가스 생산량의 1%에 불과하였고, 2007년까지만 해도 5%밖에 안되던 셰일가스는 2012년 미국 전체 가스 생산량의 39%를 차지하기에 이른다. 동시에 셰일오일의 생산증가로 2007년에서 2013년 사이 미국의 석유생산량은 50% 증가하였다. 미국은 이미 2013년 러시아를 추월하여 세계 최대 에너지 생산국이 되었고 2015년에는 사우디아라비아를 넘어 세계 최대 산유국이 될 것으로 예상된다.

셰일가스 혁명은 미국 경제 전반에 걸쳐 혁명적인 변화를 가져왔다. 가장 직접적인 변화는 값싼 에너지와 전기를 공급함으로써 미국산업 전반의 경쟁력을 획기적으로 향상시키고 가계의 실질소득을 증가시켰다는 점이다.

또한 셰일가스는 석탄을 대체할 수 있는 연료이자 상대적으로 환경친화적인 에너지원이다. 실제로 셰일가스 사용이 확대되면서 2012년 미국의 이산화탄소 배출량은 20년 만에 처음으로 감소하였다.

미국의 셰일혁명은 미국형 기업가 정신뿐 아니라 미국 제도의 특성 때문에 가능했다. 미국은 개인 소유지에 묻힌 모든 지하자원을 토지 소유자의 재산으로 인정한다. 따라서 개인들이 자기집 뒷마당에서 셰일가스나 석유를 발견하면 석유개발 회사와 계약을 맺고 추출되는 가스나 석유를 팔아서 얻는 이윤을 나눠가질 수 있다. 이에 중소규모의 가스·석유 회사들이 앞다퉈 시장에 뛰어들어 유정을 판다. 엑슨모빌 같은 대기업들이 아닌 그야말로 구멍가게 수준의 회사들이 우후죽순처럼 생겨나며 경쟁한다. 이 과정에서 셰일가스와 석유를 추출하는 비용은 하루가 다르게 떨어진다. 여기에 투기에 가까운 위험(risk)을 감수하는 금융제도, 완비된 각종 서비스와 수송인프라가 더해지면서 미국의 셰일혁명이 일어난 것이다.

전 세계에서 셰일층이 가장 많은 나라는 미국이 아니다. 중국과 아르헨티나, 알제리에는 미국보다 셰일층이 많은 것으로 조사되었다. 그러나 이들 나라에서는 셰일혁명이 일어나고 있지 않다. 중국에선 정부가

〈표 3〉 2013년도 셰일가스 보유량

(단위: 조 입방피트)

No	국가	현존 기술로 채굴가능한 셰일가스 매장량	모든 종류의 천연가스 확정 매장량
1	중국	1,115	124
2	아르헨티나	802	12
3	알제리	707	159
4	미국	665	378
5	캐나다	573	68
6	멕시코	545	17
7	남아프리카 공화국	485	-
8	호주	437	43
9	러시아	286	1,688
10	브라질	245	14
11	인도네시아	580	150

자료: "Technically Recoverable Shale Oil and Shale Gas Resources: An Assessment of 137 Shale For mations in 41 Countries Outside the United States". *Analysis and projections*. United States Energy Information Administration. 13 June 2013.

　셰일층 개발에 막대한 투자를 한다. 그러나 결과는 실망스럽다. 지하자원만 있다고 되는 게 아니다. 정부의 지원만으로도 안 된다. 자원을 활용할 수 있는 사유재산권, 기업가정신, 무모하다 할 정도로 과감한 투자를 마다하지 않는 금융제도, 최고의 서비스와 인프라 등 많은 것이 갖춰져야 개발이 가능해진다.

　프랑스나 폴란드 등 유럽국가의 셰일층도 규모가 막대하다. 그러나 개별 국가와 EU의 각종 규제에 발이 묶여 좀처럼 개발에 속도를 내지 못한다. 환경론자들의 강력한 반대도 발목을 잡는 요인이다.

6. 창의력의 근원

창조적 파괴를 위해서는 무엇보다 '창조'가 필요하다. 파괴만 하지 않고 더 좋고 더 앞선 것들을 창조함으로써 기존의 것들을 자연스럽게 도태시키는 게 창조적 파괴다. 미국 경제에서 끊임없이 창조적 파괴가 가능한 이유는 타의 추종을 불허하는 창의력 때문이다.

지식산업 시대에 미국의 창의력은 대학교육과 실리콘밸리로 상징되는 독특한 기업문화에서 나온다. 우리는 미국 대학의 경쟁력이 세계 최고이며, 실리콘밸리가 얼마나 창의적인지를 익히 안다. 그러나 이를 쇠퇴하는 미국 경제가 그나마 유지하는 부분적인 경쟁력 정도로 생각했다. 세계 최고의 고등교육제도와 창의력을 갖춘 기업들이 경제 전반에 얼마나 크고 직접적인 영향을 미치는지 분명히 인식하지 못했다. 지금 미국의 대학교육과 지식산업은 엄청난 시너지 효과를 내면서 미국 경제의 경쟁력을 견인하고 있다.

미국 대학은 전 세계 최고의 창의적 인재들을 끌어들여 풍부한 재정과 열린 사고로 이들 인재를 전폭적으로 지원하며, 그 가운데 인재들은 자신의 아이디어를 마음껏 펼친다. 벤처캐피털과 대학-산업 간에는 멘토링 제도가 구비돼 있어 인재들은 졸업과 동시에, 때로는 졸업도 하기 전에, 자기의 아이디어를 실용화하고 상용화시키는 데 결정적인 도움을 받을 수 있다.

미국의 스탠퍼드 대학 졸업생과 교수가 창업한 기업의 연 매출액은 2조 7천억 달러에 달한다고 한다(제3부 8장 '혁신 이끄는 엔진-명문대', 고명현). 한국 GDP의 두 배다. 2014년 미국의 벤처캐피털 회사들이 스타트업 기업에 투자한 총액은 483억 달러(약 53조 원), 투자 건수는 4,356건에 달했다.[5]

인재들은 창업을 하든, 구글이나 애플, 마이크로소프트, 페이스북, 트위터 같은 IT 회사에 취직하든 어디서든지 민주적·수평적 문화 속에서 나이와 서열, 직급에 구애받지 않고 일한다. 누가 더 창의적인 아이디어를 내놓는가를 유일한 기준으로 삼고, 이를 적극적으로 인정하고 밀어주고 협력하는 문화가 정착되어 있다. 구글, 애플, 야후 같은 거대 기업들은 조금이라도 가능성이 보이는 스타트업 회사들을 적극 인수합병해 젊은 사업가들에게 그야말로 일확천금을 벌 수 있는 기회를 제공한다. 구글은 2014년에 30여 개의 기업을, 야후는 17개, 애플과 페이스북은 각각 8개, 마이크로소프트는 7개의 기업을 인수했다. 오라클이 1994년 이후 인수합병한 회사는 100개가 넘고 마이크로소프트나 시스코는 각각 150개, 구글은 130개의 회사를 인수했다(제2부 4장 '돌아온 금융산업과 벤처캐피털', 오정근). 인수합병 된 회사의 창업자들은 돈방석에 앉았고 곧바로 다음 아이디어를 추구할 수 있는 충분한 자금을 확보하게 되었다. 창의력을 키울 수 있게 충분히 지원해 주는 것은 물론 창의력에 대한 보상도 충분히 해 주는 실리콘밸리로 꿈을 안은 세계의 젊은이들이 모여들고 있다.

실리콘밸리의 창의력은 IT 산업에만 국한되지 않는다. 소프트웨어 산업이 전통적인 제조업을 접수하고 있다. 무인 자동차 산업에 뛰어든 구글과 애플이 기존의 자동차 생산양식을 뒤엎고 있다. 3D 프린팅은 조형 개발에서 건설에 이르기까지 제조업의 패러다임을 바꾸어 나가고 있다.

5. 조선일보 2015년 1월 15일, '지난해 미 스타트업 투자액 53조원… '닷컴 열풍'이후 최대.

창의력의 원천인 미국의 대학 문화와 기업 문화는 다른 어떤 나라도 모방하지 못하고 있다. 이 부문에서 미국의 독주는 오래 계속될 것이다.

7. 양적, 질적으로 성장하는 인구

우리는 미국이 이민문제로 골머리를 앓고 있다는 것을 안다. 멕시코 국경에 거대한 벽을 쌓아 불법 이민자들을 막으려 하고 주기적으로 불법 이민자 색출 작업을 벌인다. 많게는 3천만 명에 이를 것으로 추산되는 불법 이민자들 처리를 둘러싸고 대통령과 의회가, 여와 야가 첨예하게 대립한다는 것도 알고 있다. 그러나 이런 현상이 인구를 끊임없이 늘림으로써 미국의 미래를 보장하고자 하는 치열한 논쟁과 갈등에서 비롯된 것이라는 사실은 간과하고 있다. 미국은 연평균 100만 명의 이민자를 받아들여 선진국 중 인구가 가장 많이 늘고 있을 뿐만 아니라 가장 젊은 인구를 유지하고 있다. 그리고 이민은 미국의 경쟁력을 높이는 직접적인 요인이기도 하다. 2011년 실리콘밸리에서 외국인의 비중은 전체 인력의

〈표 4〉 미국과 여타 선진국의 총 인구수 비교

(단위: 천 명)

	1950년	2013년	2025년	2050년	2100년
미국	157,813	320,051	350,626	400,853	462,070
일본	82,199	127,144	123,256	108,329	84,471
독일	70,094	82,727	80,869	72,566	56,902

자료: Population Division of the Department of Economic and Social Affairs of the United Nations Secretariat (2013). World Population Prospects: The 2012 Revision. New York: United Nations.

47%, 이공계 인력의 64%였다(제3부 7장 '미국 경제의 최고 자산-인구와 이민', 모종린).

8. 미국 금융산업에 대한 잘못된 인식

2008~2009년의 경제위기 때 미국의 금융산업은 좌파지식인들에 의해 신자유주의의 화신으로 지목받으면서 집중적인 비판의 대상이 되었다. 이들은 미국의 탐욕스러운 자본가들이 부실채권을 끼워 넣은 기형적 금융상품을 남발해 결국 체제자체를 붕괴시킨 것으로 해석하였다. 마르크스가 자본주의 태동기 때부터 예언해오던 대로 자본주의가 자체 모순을 극복하지 못하고 붕괴했다고 생각했다. 리먼 브라더스 사태 뒤 불길처럼 일어난 '월가를 점거하라' 운동과 '1% 대 99%' 등의 구호는 이러한 분석에 더 힘을 실어주었다.

그러나 2008~2009년의 금융위기는 시장경제 자체의 실패가 아니었다. 오히려 시장경제를 제대로 운영하지 않아서 일어난 위기였다.

클린턴과 '아들 부시' 행정부가 모든 미국인들에게 내 집을 마련해 주겠다는 포퓰리스트 정책을 추진하면서부터 시장질서가 무너지기 시작하였다. 정부가 대출금을 갚을 힘도 없는 사람들에게 특혜 저리융자를 해주면서 부실 채권이 쌓여갔다. 정부가 시장 질서를 교란하기 시작하였다. 2008~2009년 금융위기는 시장의 실패가 아니라 정부의 실패였다.

금융위기 이후 미국은 도드-프랭크 금융 개혁법 제정, 금융안정감시위원회(FSOC) 설립, 금융소비자보호국(CFPB) 설치 등 일련의 개혁을 통해 은행의 고위험 투자를 제한하고 금융회사의 건전성을 강화하며 연방준비제도의 감독권한을 강화했다. 그 결과 금융산업은 다시 성장하기 시작하였고 현재 모든 지표상으로 2008~2009년 금융위기 이전의 상태를 회복하였다.

9. 미국의 안보환경

미국은 이제 제조업, IT 산업, 금융, 고등교육 분야에서 세계를 선도하고 있다. 선진국 중에서 유일하게 인구가 늘며 1970년대 이후 늘 경제의 발목을 잡던 에너지 분야에서도 자립할 수 있는 기반을 갖추었다. 그렇다면 이처럼 다시 상승세를 타고 있는 국력을 바탕으로 미국은 어떤 세계전략을 펼 수 있을까? 미국 경제의 회복은 안보정책에는 어떤 영향을 미칠까?

최근 몇 년 사이 미국이 건설하고 주도해 온 국제질서는 러시아의 크림반도 합병과 우크라이나 내전, 이란의 핵무장, 중국의 남중국해 도발, 베네수엘라의 반미주의, 북한의 핵과 미사일 개발 같은 동시다발적 도전에 직면해 있다. 러시아는 동유럽의 패권을, 이란은 중동의 패권을, 중국은 동아시아의 패권을, 베네수엘라는 중남미의 패권을 노렸다. 북한은 대량살상무기 개발로 정권생존의 기틀을 마련하는 듯 했다. 미국에 도전장을 내민 나라들은 모두 전에 없이 국력이 신장되는 반면 미국의 국력은 소진되고 쇠퇴하는 것 같았다.

그러나 그렇지 않았다. 회복되는 미국 경제는 상황을 반전시키고 있다. 예를 들어 셰일혁명 하나만으로도 미국의 전략적 입지는 전에 없이 강화되고 있다.[6] 다음은 미국의 셰일혁명으로 국제 유가와 가스가격이 폭락하면서 가장 큰 피해를 본 국가들이다.

- 아시아: 베트남, 인도네시아
- 중앙아시아: **러시아**, 카자흐스탄

- 남아메리카: 멕시코, **베네수엘라**, 콜롬비아
- 아프리카: 나이지리아, 앙골라
- 중동: 사우디아라비아, **이란**, 이라크

이 중 굵은 글씨로 표시된 국가들이 미국의 패권에 도전하는 나라들이다.

미국의 셰일가스와 석유 생산이 폭발적으로 늘어나고 전 세계 유가가 폭락하면서 유럽의 세력균형 재편을 꿈꾸던 러시아의 꿈이 무산되고 있다. 러시아의 재정은 배럴당 유가 110달러에 맞춰져 있다.[7] 우크라이나 사태의 휴전이 가능했던 이유도 미국의 강력한 제재와 유가 폭락을 러시아가 견디지 못했기 때문이다.

이란이 미국·EU와의 핵 협상 자리에 앉게 된 중요한 요인도 이란 정권을 지탱해 온 유가가 폭락했기 때문이다. 이란의 재정은 배럴당 유가 130달러에 맞춰져 있다. 중동에서 미국의 가장 강력한 우방인 사우디아라비아도 재정을 배럴당 90달러에 맞추고 있다.[8] 사우디는 다른 산유국과 마찬가지로 막대한 적자를 보고 있음에도 감산을 거부하며 미국의 중동 정책에 보조를 맞추고 있다. 2015년 1월 기준 외환보유고가 7,626억 달러인 사우디아라비아는 전 세계 어느 나라보다도 저유가를 오래 견뎌낼 수 있다. 최근 살만 빈 압둘아지즈 새 국왕이 즉위 기념으로 전 국민에게 320억 달러(35조 원)의 현금을 보너스로 주는 것도 사우디의 재정이

---

6. Robert D. Blackwill and Meghan L. O'Sullivan, "America's Energy Edge: The Geopolitical Consequences of the Shale Revolution," *Foreign Affairs*, March/April, 2014.
7. 아주경제, 2014.11.30. 파이낸셜타임즈(FT)를 인용, 재정균형을 맞추기 위해 필요한 배럴당 유가가 베네수엘라 160달러, 이란 130달러, 러시아 110달러, 캐나다 100달러, 사우디아라비아 90달러, 쿠웨이트 50달러라고 소개했다.
8. 7번과 동일.

그만큼 탄탄하다는 뜻이다.[9] 수니파 사우디아라비아는 저유가를 무기로 한편으로는 중동 최대의 라이벌인 시아파 이란이 비핵화 협상에 임하도록 압력을 넣고 다른 한편으로 러시아에는 시리아에 대한 지원을 끊으라고 요구하고 있다.[10]

남미에서는 반미진영을 이끌던 베네수엘라가 유가폭락의 직격탄을 맞으면서 영향력을 잃고 있다. 이 나라의 재정은 배럴당 유가 160달러에 맞춰 있다. 베네수엘라의 전통적인 우방이면서 반미 대열에 함께 앞장 서던 쿠바가 최근 미국과의 국교정상화를 전격 선언한 것도 베네수엘라에 계속 의지할 수는 없으며 미국과 적대관계를 유지하는 한 미래가 없다는 사실을 다시 깨달았기 때문이다.

조지프 나이(Joseph Nye)의 말대로 '셰일가스는 미국의 지정학적 트럼프 카드'다.[11]

미국이 '아시아로의 회귀(Pivot to Asia)' 또는 '아시아 재균형(Rebalancing to Asia)' 정책을 발표했을 때 많은 전문가들은 의문을 제기했다. 미국의 국방예산이 '시퀘스터', 즉 예산자동삭감때문에 감소하는 상황에서 과연 아시아에서 영향력을 확대할 수 있을 것인가? 확대는 고사하고 과거와 같은 영향력을 유지할 수 있을 것인가? 중국의 국방예산이 날로 증가하는 상황에서 미국의 아시아로의 회귀 정책은 수사에 불과한 것이 아닌가?

그러나 이는 미국의 국방예산 통계를 보면 기우였음을 알 수 있다. 냉전이 끝나던 1990년에 3,060억 달러였던[12] 미국의 국방예산은 2015년에

---

9. 뉴욕타임즈, 2015년 2월21일자.
10. 뉴욕타임스(NYT), 2월3일(현지시간) 인터넷판.
11. Joseph Nye, "Shale Gas is America's Geopolitical Trump Card," *Wall Street Journal*, 2014년 6월 8일(현지시간).

는 5,860억 달러가 됐다.[13] 지난 20년 국방예산이 줄어들기는커녕 2배 가까이 늘었다. 금융위기가 한창이던 2008년엔 11.5%, 2009년엔 7.6%를 늘렸다. 오바마 대통령은 2월 2일(현지시간) 2016년 예산안을 발표하면서 국방예산으로 2015년보다 4.5%, 260억 달러 증액한 6,120억 달러를 의회에 요청했다. 국방예산 의무삭감안이 2011년 8월 의회를 통과하여 현재 발효중임에도 불구하고 증액을 요청한 것이다.

미국의 국방비는 GDP의 3~4% 정도지만 그 규모는 미국을 제외한 상위 10개국 국방비를 모두 합한 금액보다 더 크다. 다른 나라들이 따라올 수 없는 첨단 무기체계 개발에도 전력투구하고 있다(그림 1). 미국의 군사력이 중국에 추월당할 것이라는 예측은 기우다.

강한 경제와 국방력을 바탕으로 미국은 세계질서를 재편하고 있다.

〈그림 1〉 미국의 Railgun과 Northrop Grumman X-47B

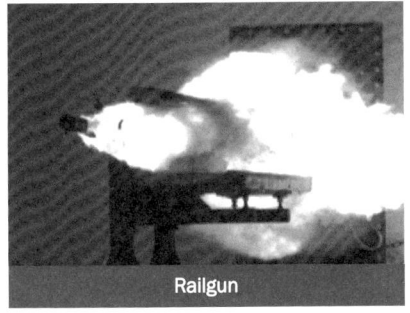
Railgun

Northrop Grumman X-47B

자료: 게티이미지코리아.

---

12. 스톡홀름국제평화연구소(SIPRI)의 세계 군비지출 데이터 베이스 기준.
13. 미 백악관 행정관리·예산국 기준; 이 예산은 '광의의 국방비'다. '협의의 국방비'인 국방부 예산뿐 아니라 국토안보부·국가보훈처·에너지부 핵안보실, 정보기관 계좌, 국제관계 관련 일임계정 예산이 모두 포함되기 때문이다.

10. 결론

미국은 제2차 세계대전 이후의 국제질서를 만든 나라다. UN과 NATO, 한미, 한일동맹을 축으로 하는 동아시아의 미국 중심 동맹체제, IMF, 세계은행 등 오늘의 세계질서는 미국이 만든 것이다. 팍스 아메리카나 1.0이었다.[14]

소련은 냉전 시기 '미국이 만든 세계'[15]에 강력한 도전장을 내밀었다. 핵무기를 개발하여 한때 미국과 전략적 균형을 이루는 데 성공했다. 1970~1980년대에는 미국이 월남전에서 패하고 석유파동과 이란 사태로 중동에서 발목이 잡히면서 힘을 잃는 듯 했다. 경제적으로는 일본이 부상하며 미국에 도전하는 형국이었다. 그러나 미국은 '레이건 혁명'을 통해 부활하였고 1985년 9월 플라자 협약으로 일본 경제를 제압했다. 그리고 냉전에서 승리하였다. 팍스 아메리카나 2.0이었다.

지난 10년간은 부상하는 중국이 미국에 강력하게 도전하는 시기였다. 그러나 중국 역시 미국을 대신해 국제질서를 새롭게 만들어나갈 힘은 없다. 중국국무원 경제담당 부총리 왕양은 2014년 12월 17일 미국 시카고에서 개최된 제25회 중미통상무역위원회 회의에서 다음과 같이 발언하였다.

"중국과 미국은 세계 경제의 파트너이지만, 세계는 미국이 리드한다… 중국의 GDP가 세계 2위지만 여전히 미국의 55%밖에 안 되며 1인당 GDP는 미국의 1/8 수준이다. 더 중요한 것은 세계 경제의 핵심 기술을 선도하고 세계 경제 질서의 규칙을 만드는 나라는 여전히 미국이라는 점

---

14. Benn Steil, *The Battle of Bretton Woods* (2013), 아산정책연구원 2015년 4월 29일 출간.
15. Robert Kagan, *The World America Made* (2012), 아산정책연구원 2015년 2월 27일 출간.

이다. 중국은 이를 명확하게 이해하고 있다. 중국은 미국의 지위에 도전할 능력도 없으며 도전할 생각도 없다." 중국 역시 미국의 재부상에 발빠르게 적응하고 있는 것이다.

오바마 대통령은 지난 2월 21일 주례 라디오 연설에서 이렇게 말했다. "중국이 21세기의 무역질서를 만들려고 하고 있다…그렇게 놔둬서는 안 된다. 질서는 우리가 만들어야 한다(China is trying to write the rules for trade in the 21st century…. We can't let that happen. We should write those rules.)."

물론 미국이 아무리 강해지더라도 아무런 제한이나 도전에 직면하지 않고 일방적으로 국제질서를 호령할 수는 없다. 연준이 금리인상 시기를 잘못 정해 경제성장 동력을 꺾어 버리거나 반대로 경제에 또다시 거품이 생길 수도 있다. 미국은 아직도 IS와 같은 국제테러집단에 대응하는 전략을 찾아내지 못하고 있다. 사이버전쟁과 같은 새로운 형태의 도전이나 지속적으로 대량살상무기를 개발하는 불량국가에 대한 효율적인 대응방법도 아직 만들어내지 못하고 있다.

그러나 이러한 요인들은 미국의 경쟁력과 국력을 근본적으로 제약하지 않는다. 미국 경제는 앞으로도 경기순환을 경험할 것이다. 그러나 과거 모든 경제위기를 극복하고 더욱 강한 모습으로 재부상하였듯이 앞으로도 지혜롭게 경제를 운용할 것이다. 이라크 전과 아프가니스탄, 그리고 테러와의 전쟁을 끊임없이 수행해온 미군은 대테러 전략에도 새로운 전기를 마련할 것이다. 사이버전에서는 이미 북한에 대한 공격에서 볼 수 있듯이 이미 주도권을 잡아 나가고 있는 모습이다.

무엇보다 미국은 근본이 강하다. 창의성을 기르고 보상해 주는 교육제도와 기업 문화, 창조적 파괴를 가능케 하는 자유시장경제, 늘어가는 인구와 풍부한 지하자원은 미국 경쟁력의 원천이다. 오바마 대통령은 연두교서에서 다음과 같이 말했다. "경제가 성장하고, 재정적자가 줄어들며, 산업이 활기에 차있고, 에너지 생산이 폭발적으로 늘고 있는 지금 이 순간, 우리는 불황을 딛고 일어섰으며 지구상의 그 어떤 나라보다 미래를 자유롭게 설계할 수 있습니다." 세계질서는 아직도 미국이 만들어가고 있다. 팍스 아메리카나 3.0이다.

제2부 미국 경제 부활의 비밀

1장. 회복의 출발점-셰일가스 혁명
최현정

2장. '양적 완화'의 경제학
오정근

3장. 부활하는 제조업
고명현

4장. 돌아온 금융산업과 벤처캐피털
오정근

5장. '케인지언 외길' 추구한 대통령들
제임스 김

제2부
1장. 회복의 출발점-셰일가스 혁명

최현정
아산정책연구원 연구위원

1. '역시 텍사스!(This then is Texas)'… 셰일가스가 지핀 향수

텍사스의 황량한 들판에 꽂혀 있는 파이프. 갑자기 검은 원유가 쏟아져 나오고 작은 땅 외에 아무것도 가진 게 없던 청년은 비처럼 쏟아지는 원유를 맞으며 환호한다. 검은 기름을 뒤집어 쓴 채 그동안 서러움을 줬던 목장주에게 달려가 "내가 더 부자다"라고 외치며 주먹을 날린다. 배경엔 '역시 텍사스!(This then is Texas)'라는 음악이 흐른다. 유전 개발로 일확천금을 쥘 수 있었던 1940년대의 모습을 그린 영화 '자이언트(Giant, 1956)'의 한 장면이다.

미국인들에겐 개인에게 막대한 부를 안겨준 석유 개발 시기에 대한 향수가 있다. 두 세대가 지나 미국에 셰일가스 혁명이 일어나면서 미국인들은 다시 향수에 젖고 있다. 미국 내 주요 셰일가스 매장지(shale gas play)[1]와 생산지들이 있는 텍사스, 펜실베이니아, 노스다코타, 알칸소에서는 "사상 최고의 시절"이라고 즐거워하는 주민들의 목소리도 들린다.[2]

미국 경제가 활력을 되찾는 과정에서 셰일가스는 어떤 역할을 했을까?

적정수준 에너지를 안정적인 저가로 공급하는 것은 대표적인 에너지 다소비국인 미국의 산업생산력을 비롯 국가경쟁력 향상을 위한 선결조건이다. 셰일가스의 개발 및 생산은 저가의 에너지를 안정적으로 공급해 미국의 산업생산력과 국가경쟁력을 향상하는 데 크게 기여했다. 그러므로 미국의 경제 부흥을 이해하려면 최근 미국 내 에너지 공급의 안정화 추세나 비전통 에너지자원(unconventional energy resources) 개발로 에너지산업의 경쟁력이 강화된 현상을 먼저 이해해야 한다. 2000년대 말부터 본격화된 미국의 비전통 에너지자원 개발은 '셰일가스 혁명(Shale Gas Revolution)'으로 대표된다. 1990년대 미국 경제부흥의 원동력이 되었던 정보통신기술의 산업화를 'IT 혁명(IT Revolution)'이라 불렀듯 '셰일가스 혁명'도 미국 경제에 활력을 제공하며 경제를 부활시킨 원동력이라는 평가를 받고 있다.

2. 수평시추·수압파쇄가 이끈 셰일가스 혁명

비전통 에너지란 기존의 화석연료 채굴 방식으로는 경제성을 확보할 수 없었으나 채굴기술의 개발로 경제성을 갖게 되면서 새로운 에너지원으로 등장한 주요 화석연료다. '비전통 석유'인 오일샌드(oil sand), 초중질유(extra heavy oil), 셰일오일(shale oil)과 '비전통 가스'인 셰일가스(shale

---

1. 주요 7대 셰일가스 매장지, 즉 Barnett, Marcellus, Haynesville, Eagle Ford, Woodford, Fayetteville, Antrim에서 2040년까지 미국 내 셰일가스의 88%가 생산될 것으로 예측되고 있다. EIA. 2014. *Annual Energy Outlook 2014 with Projections to 2040*. Washington, DC: US Energy Information Administration.
2. '에너지 지형 바뀐다: '최고 시절' 들썩이는 텍사스.' 연합인포맥스 (http://news.einfomax. co.kr) 2013년 11월 4일.

gas), 타이트샌드가스(tight sand gas), 탄층메탄가스(coalbed methane), 가스하이드레이트(gas hydrates) 등이 포함된다. 비전통 에너지자원들 중 충분한 매장량과 채산성을 바탕으로 적극 개발되고 있는 대표적인 자원이 미국의 셰일가스와 캐나다의 오일샌드다.

미국발 '셰일가스 혁명'은 미국이 석유, 석탄, 천연가스 같은 전통적 화석 연료가 아닌 비전통 에너지자원의 개발·생산·활용에서 압도적인 경쟁력을 갖게 됐음을 보여준다. 미국이 선도하는 비전통 에너지자원 개발은 인류의 생존과 경제성장을 위해 에너지원을 다변화한다는 측면에서 역사적 의미가 있다. 채굴기술의 진보를 기초로 한다는 점도 미국 기술의 혁신적인 성과로 꼽힐 만하다.

미국은 비전통 에너지자원 개발에 필수적인 수평시추(horizontal drilling)와 수압파쇄(hydraulic fracturing) 기술을 크게 발전시켜 국내에 대량으로 매장돼 있지만 채굴하지 못했던 셰일가스의 채산성을 맞출 수

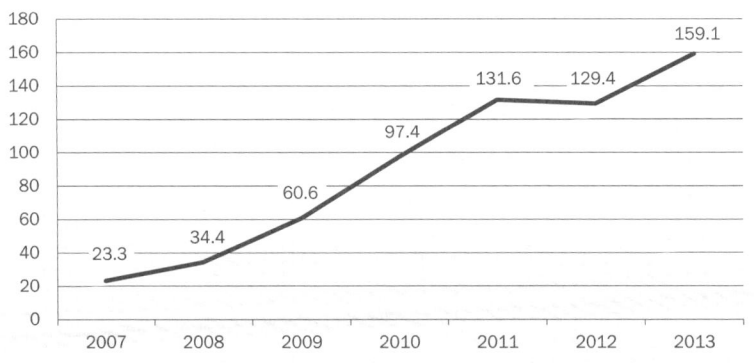

〈그림 2〉 미국의 셰일가스 확정매장량(2007~2013)

(단위: 조 입방피트)

자료: EIA, 'U.S. Shale Proved Reserves(2014. 12. 4)'.

있게 됐다. 아울러 탐사 기술의 혁신으로 이전엔 알 수 없었던 셰일가스도 파악해 확정매장량(proved reserves)도 늘렸다. 미국 내 셰일가스 확정매장량은 2007년 23.3Tcf(Trillion cubic feet, 조 입방피트)에서 2013년 159.1Tcf로 6.8배 늘었다(그림 2).

현존 기술로 채굴 가능한 미국의 셰일가스 잠재매장량은 미국 에너지정보국인 EIA(Energy Information Administration) 추산으론 665Tcf, 시장조사기관인 ARI(Advanced Resources International)의 평가로는 1,161Tcf다. 모든 비전통 천연가스를 포함해 미국의 천연가스 잠재매장량은 적게는 2,214Tcf, 많게는 3,850Tcf로 추산된다.[3] 미국의 현재 에너지 소비수준으로 볼 때 앞으로 88~155년간 충분히 공급할 수 있는 매장량이다.[4]

위에서 언급한 두 셰일가스 채굴 기술이 최근 새롭게 등장한 것은 아니다.[5] 이 기술은 1950년대 이전에 개발됐으나 채산성을 맞출 수 있게 된 2000년대 말부터 적극 활용되기 시작했다. 개발에 따른 효과는 2010년대에 들어 미국의 에너지 및 여타 산업, 국가경제 그리고 가정경제에 본격

---

3. EIA. 2013. "Technically Recoverable Shale Oil and Shale Gas Reserves: An Assessment of 136 Shale Formations in 41 Countries Outside the United States"(2013.6.13); US National Gas Supply Association (NGSA). 2013. "Understanding the Size of U.S. Natural Gas Resources" www.ngsa.org (Spring 2013); Testimony of Harry Vidas (ICF Vice President) before the House Energy and Commerce Committee's Subcommittee on Energy and Power (2013.2.5).
4. 셰일가스 매장량이 가장 많은 국가는 중국이다. 2013년 EIA 추산으로 중국의 잠재 매장량은 미국의 1.7배에 달하는 1,115Tcf이다. 그러나 중국은 셰일가스 시추에 필요한 핵심기술이 없고 특히 채굴에 가장 필요한 물이 부족하며 주요 매장지역이 지진대나 단층구조대에 위치해 채굴이 어렵고 채산성도 높지 않다. 따라서 아직은 중국 국내외에 영향을 미칠 만큼 본격 채굴이 이루어지지 않고 있으며, 시험개발 프로그램이 진행되고 있는 수준에 머물고 있다.
5. 미국에서 수평시추 기술은 1930년대에 등장하였고, 1947년도에 처음으로 수압파쇄 기술 기반의 천연가스 채굴이 있었던 것으로 기록되어 있다. Stevens, Paul. 2012. "The 'Shale Gas Revolution': Developments and Changes." Chatham House Briefing Paper EERG BP2012/04 (August 2012). www.chathamhouse.org.

적으로 파급됐다.

공식 생산량이 집계되기 시작한 2007년 이후 미국의 셰일가스 생산은 비약적으로 늘어 2013년까지 매년 전년대비 평균 35.3%씩 증가했다. 2000년 셰일가스 생산량은 미 대륙 천연가스 총 생산량의 2% 수준이었으나 2012년 39%로 급격히 확대됐다.[6] 특히 2013년 미국 에너지산업에 극적인 변화가 있었다. 셰일가스 유정(油井)에서 생산된 천연가스가 1,200만 MMcf(million cubic feet, 100만 입방피트)로 기존의 전통 천연가스 유정 채굴량이었던 1,126만 MMcf를 넘어선 것이다(그림 3). 이제 셰일가스는 미국 내 천연가스의 총 생산량에서 가장 큰 몫을 차지하게 됐다.

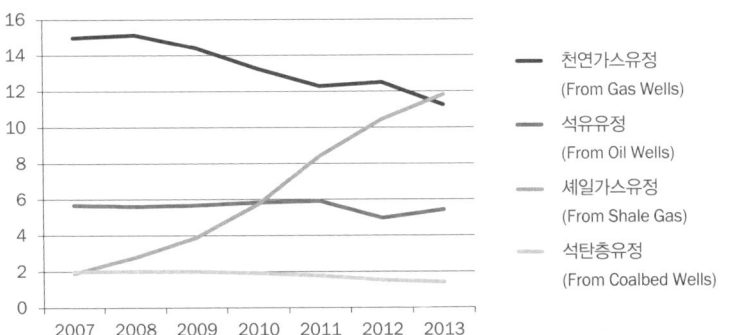

〈그림 3〉 유정 종류에 따른 미국 천연가스 채굴량(2007~2013)

(단위: 100만 MMcf)

자료: EIA, 'Natural Gas Gross Withdrawals and Production(2014. 12. 31)'.

---

6. IHS CERA. 2014. *Fueling the Future with Natural Gas: Bringing It Home*. Englewood, Colorado: IHS, Inc.

3. 셰일가스 혁명으로 가처분 소득과 고용 크게 늘어

1) 2013년 천연가스 대외 의존도는 49.7%까지 낮아져

'셰일가스 혁명'은 에너지자원의 대외 의존도와 시장 가격을 낮춰 가계 가처분 소득을 늘렸고, 에너지산업을 부활시켜 이 부문의 고용도 늘렸다. 에너지 소비 대국인 미국 경제엔 큰 선물이었다. 미국의 에너지 수입은 1980년대 이후 꾸준히 증가했으나 셰일가스 혁명이 시작된 2008년 이후 수입은 감소세, 수출은 증가세로 전환돼 순수입량(net import)은 20년 전 수준으로 돌아갔다. 천연가스는 많은 부분에서 석유를 대체할 수 있어 셰일가스 혁명으로 해외 천연가스와 석유 순수입도 급격히 감소하는 추세이다. 2013년 석유 순수입량은 최고를 기록했던 2005년의 49.7%이며,

〈그림 4〉 미국의 석유와 천연가스 순수입량(1981~2013)

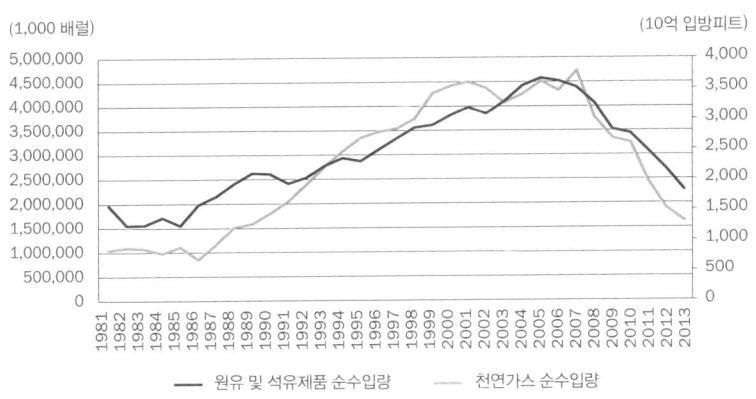

자료: EIA, 'U.S. Exports of Crude Oil and Petroleum Products(2014. 12. 30)'; 'U.S. Imports of Crude Oil and Petroleum Products(2014. 12. 30)'; 'U.S. Natural Gas Imports & Exports 2013(2014. 5. 28)'.

천연가스는 2007년 최고치의 34.6%로 떨어졌다(그림 4). 에너지의 대외 의존도가 줄면 에너지 안보뿐 아니라 무역수지 개선에도 도움이 된다. 생산이 늘어난 비전통 천연가스가 석유의 대체에너지로 더욱 활용될 경우, 여전히 에너지원(energy resources) 수입국인 미국의 경제와 산업에 미치는 파급효과는 더욱 커질 것으로 전망한다.

2) 2012년 천연가스 시장 가격은 56.8% 하락

국내산 천연가스의 공급이 늘면서 미국의 에너지원 순수입량이 급감하고 국내 에너지 시장 가격이 전반적으로 하락하고 있다. 2012년 천연가스의 연평균 생산자물가지수(PPI: Producer Price Index)는 2007년 대비 56.8%로 낮아져, 미국의 제조업 전반에 걸쳐 낮은 가격의 천연가스가 공급되고 있음을 알 수 있다.[7] 특히 2008년 이후 산업용 천연가스 소비가격과 발전용 천연가스 연료가격이 두드러지게 하락하면서 산업계 전반에 활력을 가져다 주었다. 저가 에너지의 안정적인 공급은 제조업의 생산단가를 낮추기 때문에 경제파급효과가 매우 크다.

특히 계속 오르는 석탄 가격과 달리 발전용 천연가스 가격이, 크게 하락한 것도 전기를 많이 사용하는 산업계는 물론 가계 경제에 긍정적 영향을 주고 있다. 실제로 최근 천연가스 공급가의 하락은 전력가격의 하락을 동반하고 있다.[8] 또한, 가구 난방의 주연료인 가정용 천연가스의 가격도 2008년 이후 지속적으로 하락하면서 미국 가계의 가처분소득 증가에 일조하고 있다(그림 5).

---

7. US Bureau of Labor Statistics. 2013. "The effects of shale gas production on natural gas prices." *Beyond the Numbers*, vol. 2, no. 13 (May 2013). www.bls.gov.
8. IHS. 2011. *The Economic and Employment Contributions of Shale Gas in the United States*. Washington, DC: IHS Global Insight (USA) Inc.

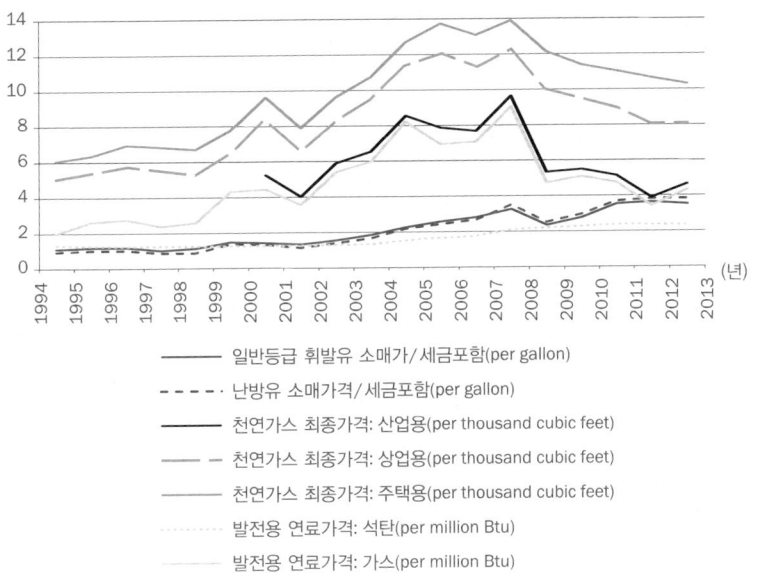

〈그림 5〉 미국의 주요 에너지 시장가격(1995~2013)

(단위: 달러)

― 일반등급 휘발유 소매가/세금포함(per gallon)
---- 난방유 소매가격/세금포함(per gallon)
― 천연가스 최종가격: 산업용(per thousand cubic feet)
― ― 천연가스 최종가격: 상업용(per thousand cubic feet)
― 천연가스 최종가격: 주택용(per thousand cubic feet)
……… 발전용 연료가격: 석탄(per million Btu)
― 발전용 연료가격: 가스(per million Btu)

자료: EIA. "U.S. Energy Prices(2014. 12. 9)".
주: 1) 가격에 물가인상분은 반영 안됨.
　2) 일반등급 휘발유 소매가는 셀프주유소의 평균 현금가.
　3) 1995~2000년 산업용 천연가스 최종 가격 데이터는 없음.

3) 셰일가스 분야: 60만 명 고용, 420억 달러 근로 소득 창출

셰일가스가 개발되고 생산이 늘어나면서 에너지산업과 연관 산업에서는 고용이 크게 증가했다. 셰일가스 부문은 금융위기로 인한 경제불황기에 많은 일자리를 창출했다. 개발과 직·간접으로 관련된 산업에 종사하는 임금노동자는 2010년 60여만 명이었고, 이들은 420억 달러가 넘는 근로소득을 올렸다. 관련 산업은 계속 성장하고 있다. 에너지산업 및 연관 부문의 고용은 연평균 7.7%씩 늘어, 2035년에는 166만여 명이 1조210억 달러 이상의 근로 소득을 벌어들일 것으로 예상된다.

또 셰일가스 개발은 2010년 한 해 769억 달러 규모의 부가가치를 창출했고, 관련 시설과 인프라에 332억 달러 이상의 투자를 유치했으며, 정부 재정에는 186억 달러 규모의 기여를 했다. 2035년이 되면 해당 부문 관련 금액은 모두 2010년보다 세 배 혹은 그 이상으로 커질 것으로 전망된다. 아울러 셰일가스 개발 기업들은 매장지가 사유지일 경우 소유주에게 높은 수준의 임대료(lease payment)를 지급하는데, 이는 부동산의 가치를 높이고 가계 소득의 향상에도 기여하고 있다. 기업들이 개발과 투자를 계속함에 따라 사유지 임대료의 지급 규모도 커지게 되는데, 2035년에는 그 규모가 2010년보다 4.7배 더 커질 전망이다(표 5).

〈표 5〉 미국의 셰일가스 개발에 따른 경제 파급효과 및 전망

		2010	2015	2020	2025	2030	2035
고용 (명)	직접	148,143	197,999	248,721	241,726	278,381	360,335
	간접	193,710	283,190	369,882	368,431	418,265	547,107
	연관산업 유발	259,494	388,495	504,738	512,220	576,196	752,648
	계	601,348	868,684	1,123,341	1,222,377	1,272,841	1,660,090
근로소득 (백만 달러)	직접	14,440	21,725	27,969	28,698	32,116	41,854
	간접	13,347	19,681	25,774	25,739	29,180	38,194
	연관산업 유발	14,227	21,261	27,601	27,942	31,471	41,100
	계	42,065	62,667	81,343	82,379	92,767	121,147

		2010	2015	2020	2025	2030	2035
부가가치 (백만 달러)	직접	29,182	47,063	61,126	64,691	71,270	93,043
	간접	22,416	33,501	43,839	44,168	49,850	65,234
	연관산업 유발	25,283	37,650	48,877	49,481	55,731	72,783
	계	76,880	118,214	153,842	158,340	176,851	231,061
설비투자 (백만 달러)	설비투자	24,841	39,687	59,737	62,973	86,624	116,805
	인프라 건설투자	8,419	9,019	7,854	7,188	10,203	9,786
	계	33,260	48,706	67,591	70,161	96,828	126,591
정부재정 수입 (백만 달러)	연방세	9,621	14,498	18,850	19,191	21,552	28,156
	주 & 지방세	8,825	13,827	17,932	19,460	22,022	28,536
	정부재산 사용료	161	239	293	362	440	583
	계	18,607	28,565	37,075	39,012	44,014	57,276
사유지 임대료 지급(달러)		179	286	430	453	624	841

자료: IHS. 2011. *The Economic and Employment Contributions of Shale Gas in the United States*.

4. 셰일가스 혁명, 향후 20년 6,000억 달러 이익 창출

셰일가스 혁명은 향후 20여 년에 걸쳐 매년 실질 GDP의 2.0~3.2%에 해당하는 5,000~6,000억 달러 규모의 경제적 이익과 파급효과를 창출할 것으로 예상된다.[9] 셰일가스 혁명에 따른 미국 가계의 가처분 소득 증가분은 2012년에는 가구당 약 1,200달러였는데, 2025년의 증가분은 그 3배

---

9. HIS. 2013. *America's New Energy Future, The Unconventional Oil and Gas Revolution and the US Economy, Vol. 3: A Manufacturing Renaissance*. Englewood, Colorado: IHS, Inc.

에 가까운 가구당 약 3,500달러(2012년 화폐가치 기준)에 이를 것이라는 전망도 있다. 난방비와 주유비 같은 에너지 가격의 하락, 제조업과 전력 생산 부문의 원가 절감에서 비롯되는 공산품 및 전력 가격의 하락, 제조업 부활에 따른 임금 상승 등이 소득 증가에 실질적으로 기여하기 때문이다.

EIA는 미국 내 천연가스의 총 생산량이 2040년에는 2011년보다 44% 증가할 것이며, 그 중 셰일가스를 포함한 비전통 천연가스의 비율은 90%에 육박할 것으로 전망했다(그림 6).

〈그림 6〉 미국의 천연가스 생산량 및 전망(2007~2040)

(단위: 100만 MMcf)

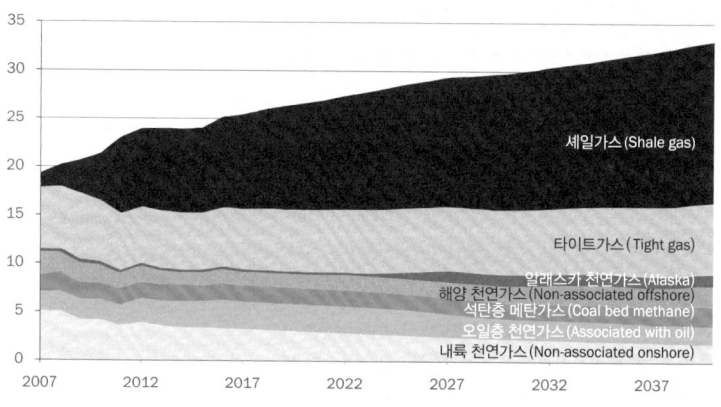

자료: EIA. 2013. Annual Energy Outlook 2013 with Projections to 2040.

더 큰 의미를 갖는 것은 탐사, 채굴, 수송, 액화(liquefaction), 저장 등 셰일가스 개발 과정에 필요한 생산요소들(자본, 기술, 장비, 시설, 인력 등)은 물론, 경험을 토대로 한 전문지식(know-how)도 미국 내의 공급망(supply chain)과 고용을 통해 모두 해결된다는 점이다. 기간산업인 에너지산업의 부흥은 연관산업의 동반 성장을 가져오게 된다. 그리고 향후 전 세계적으로 셰일가스 개발이 본격화될 경우, 이 분야의 선두주자인 미국은 축적된 경험과 경쟁력을 바탕으로 해외에서도 이익 창출이 가능하게 된다.

셰일가스 혁명에 대해 일부 산업 분야는 곱지 않은 눈길을 보낸다. 석탄과 같은 재래식 에너지 관련 산업은 실업 같은 직접적 피해를 겪고, 신재생에너지산업 분야는 장기적으로는 더욱 필요한 분야임에도 불구하고, 셰일가스 개발보다 경제성이 떨어진다는 이유로 투자를 줄인다고 비판한다.

셰일가스로 인해 신재생에너지에 대한 투자 모멘텀이 떨어진 것은 사실이다. 그러나 사라지진 않았다. 오바마 정부가 출범 초기 신재생에너지 가운데 태양광(PV) 에너지에 중점 투자했다가 '태양광 에너지로 망했다'는 비판을 받았지만 지금 관련 기업들은 수익을 내고 있다. 오바마 행정부가 끝난 뒤에는 그린 이코노미에 어느 정도 긍정적 평가가 내려질 것이다. 실제로 그린 에너지 분야의 고용률이 전체적으론 셰일가스에 못 미치지만 캘리포니아 주를 비롯한 서부 지역에서는 아주 높다. 셰일가스 때문에 신재생에너지가 무너지는 것은 아니다.

이미 셰일가스처럼 수익성이 큰 사업이 발전하는 한편으로 그린 에너지에 대한 투자도 병행되는 상황이 전개되고 있다. 예를 들어 미국은 온실가스 배출량을 오는 2025년까지 2005년 수준에서 26~28% 감축할 것임을 선언하였는데, 이는 탄소배출량이 석탄의 1/4~1/3에 이르는 셰일가스 개발에 따른 자신감에 기인한다. 미국 화력 발전소는 석탄에 의지하는데 빠르게 가스로 전환되고 있다. 석탄 발전소가 가스로 100% 전환된다면 온실가스 배출률 목표는 달성된다. 셰일가스는 그린 에너지, 환경 등과 양립하면서 진행될 것으로 전망된다.

셰일가스 혁명은 환경을 파괴한다는 비난도 받는다. 셰일가스 채굴에

물이 사용되기 때문이다. 2014~2015년 캘리포니아 주에 기록적인 가뭄이 계속되고 물 부족 현상이 나타나면서 비난이 더 높아졌다. 그러나 이 지역의 가뭄이나 물 부족은 셰일가스 개발의 영향으로 보기 어렵다. 캘리포니아엔 대형 셰일가스 유정이 없기 때문이다. 기후변화로 인한 문제로 보는 게 더 적당하지만 그렇다고 셰일가스가 물 문제에서 자유로울 수는 없다.

우선 수압파쇄(fracking) 자체가 물을 크게 필요로 하는 채굴 기술이다. 중국을 예로 들면 셰일가스는 서부 지역의 복잡한 단층 구조 내에 많이 매장돼 있어 더 깊이 뚫어야 하는데, 이 지역은 물이 극심하게 부족하다는 문제도 있어 개발이 아주 더디다. 그래서 중국이 셰일가스를 본격 개발하려면 한층 더 높은 기술력이 필요하다.

미국 회사들은 물을 안 쓰는 공법을 집중 연구한다. 아직 경제성은 없다. 그러나 수압파쇄 기술이 1947년에 처음 등장했지만 현실화되는 데 60여 년이 걸렸다는 점을 고려하면 30~40년 내에 물 없는 채굴 공법이 가능할 수도 있다. 수압파쇄 시 화학 성분들이 첨가되는 것도 비판의 대상이다. 지금까지는 뭐가 들어가는지 기업비밀로 간주돼 공표가 안 됐지만 요즘은 조금씩 공개된다. 환경문제에 대한 비판은 계속될 것이다. 그러나 셰일가스의 흐름을 막기는 힘들다.

이런 문제에도 불구하고 2010년대 미국 경제가 다시 부활하며 확실한 재도약을 이룬다면 '셰일가스 혁명'은 이를 이끈 가장 중요한 원동력으로 평가받게 될 것이다. 셰일가스 등 비전통 천연가스 개발과 관련된 에너지산업의 성장은 미국의 내수, 무역수지, 시설투자 그리고 정부 세입 및 가계 가처분소득 증가 등에 모두 긍정적인 영향을 주고 있으며, 그 추세는 당분간 지속될 전망이기 때문이다.

제2부
2장. '양적 완화'의 경제학

오정근
건국대학교 특임교수, 한국경제연구원 초빙연구위원

미국의 회복세는 견고하다. 전문가들은 2015년 미국의 경제성장률이 2.2% 내외의 잠재성장률을 웃도는 3%가 될 것으로 본다(그림 7). 그러나

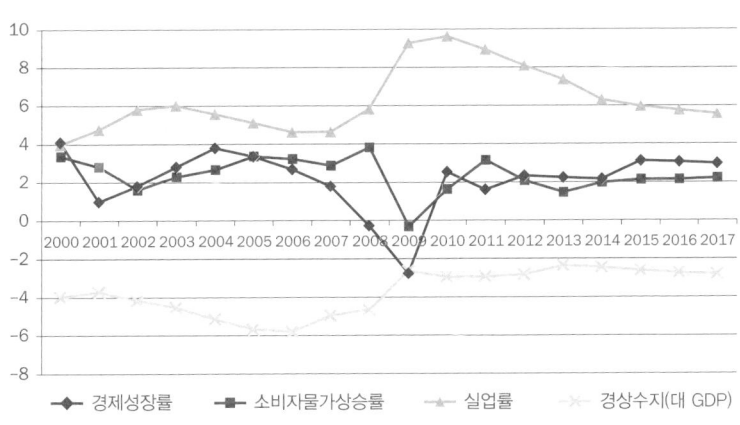

〈그림 7〉 미국 주요 경제지표

(단위: %)

자료: 국제통화기금, 세계경제전망. 2014. 10.

유로존에선 성장률이 소폭 상승한 뒤 하락하면서 2008년 글로벌 금융위기와 2011년 위기 이후 세 번째로 경기가 하락하는 '트리플 딥 우려'가 제기된다. 30년 고(高)성장을 마감하고 2012년부터 중(中)성장 국면으로 전환된 중국의 성장률도 7%까지 하락할 것으로 전망되며 일본 역시 '강력한' 아베노믹스에도 불구하고 회복이 부진하다. 미국만이 '나홀로' 성장한다.

1. 성장의 최대 동력은 개인 소비 지출의 증가

미국 성장의 가장 큰 동력은 국내총생산(GDP)의 68% 안팎을 차지하는 개인 소비 지출이 지속적으로 증가한 데 있다. 개인소비지출의 비중이 이처럼 크기 때문에 이 부문의 회복 없이는 미국 경제의 회복을 기대하기

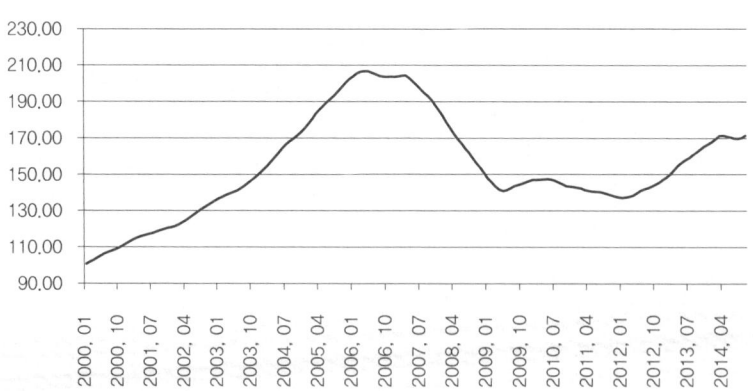

〈그림 8〉 20개 도시 Case-Shiller 주택가격지수 변동추이

(기준: 2000년=100)

자료: 국제신용평가기관(S&P), 2014. 12.

어려운데 마침 개인소비지출 증가율이 2012년 1.8%에서 2013년 2.4%로 높아졌다. 2014년 증가율도 2.4%로 추정되고 2015년에는 2.8%로 더욱 높아질 것으로 전망되고 있다.

이는 소비 여력이 개선됐기 때문이다. 글로벌 금융위기로 폭락했던 부동산 가격이 상당 수준 회복되면서 거래가 살아나고(그림 8), 가계부채의 가처분소득에 대한 비율(가계부채비율)도 2008년 135%에서 2013년 105%로 낮아지는 등 가계 실질 순자산도 증가한데다(그림 9), 고용 사정도 개선돼 가계소득이 증가했다. 부동산 경기가 2008년 이후 7년째 회복되지 않고 가계부채비율이 2008년 144%에서 2013년 161%까지 높아진 한국과는 크게 다르다.

〈그림 9〉 미국 가계부채/가처분소득 비율 변동추이

(단위: %)

자료: Gabriel Stein, 2013. 6.

미국 정부는 '개인 소비 지출이 회복되려면 가계부채가 충분히 줄어야 한다'는 인식하에 이를 줄이기 위한 정책을 적극 추진해 왔다. 정책의 하나는 연방 정부의 '가계부채 감축프로그램', 다른 하나는 부동산 경기 부양을 위한 미 연방준비제도(연준)의 '주택저당채권 매입 정책'이다.

1) 가계부채 감축 프로그램

연방은 이 프로그램을 통해 전체 가계부채의 1.9%를 탕감해 주는 등 강력한 채무 재조정을 시행했다. 연준은 2008년 12월~2010년 3월 중 1차 양적 완화정책을 시행할 때 1조 4,500달러 규모의 주택저당채권을 매입한 데 이어 2012년 9월 제3차 양적 완화 때에도 매월 400억 달러 규모로 주택저당 채권을 매입, 채권 금리를 낮은 수준으로 유지하는 방식으로 주택 수요를 부양해 왔다. 이러한 정책에 힘입어 바닥으로 추락했던 주택가격은 거의 글로벌 금융위기 이전의 안정적 수준으로 회복되면서 가계의 순자산 증대에 기여했다. 주택투자도 2012년 이후 견고한 증가세를 유지해 오고 있다. 부동산 경기가 살아나고 거래가 활성화되면서 가계부채가 줄어들게 되는 점이 중요한데 가계부채가 충분히 감축(deleveraging)돼야 민간소비가 회복되기 때문이다.

미국 정부와 연준의 전방위적인 노력에도 불구하고 가계부채비율을 30%포인트 줄이는 데 6년이 걸렸다. 2013년 현재 161%인 한국의 가계부채비율을 민간소비가 회복되기 시작하는 100~110%까지 낮추는 데 얼마나 오랜 시간이 필요할지 미루어 짐작할 수 있다. 더구나 한국에서는 제대로 된 정책이 추진되지 않고 있다는 점이 전망을 더욱 어둡게 한다.

개인 소비지출 다음으로 경제회복을 견인하는 분야가 미국 국내총생산의 13.7%를 차지하는 비주택부문 기업투자다. 개인 소비가 증가하면 상품수요도 늘 것으로 예상하는 기업들은 기업 투자를 착실하게 늘리고 있다. 2015년에도 경기회복이 이어질 것으로 전망되고 있어 기업들이 투자를 늘리는 추세가 지속될 것으로 전망된다.

개인 소비와 기업 투자 증가에 힘입어 미국 경제는 단기적으로 2017년까지는 잠재성장률 2.2% 수준을 웃도는 3% 수준으로 성장하고 2018~2019년부터는 잠재성장률 수준으로 수렴될 것으로 전망된다. 당분간 실제성장률이 잠재성장률을 상회한다는 것은 엄청난 성과다.

2) 개선되는 각종 지표

2010년 9.6%까지 치솟았던 미국의 실업률은 2014년 12월 중 5.6%까지 떨어져 안정적 수준인 5.4%에 근접하고 있다. 특히 연준이 금리인상의 선제적 지표로 제시하며 중시하는 '근원 개인소비지출 물가상승률(PCE)은 1.8%에 그쳐 연준의 장기 목표인 2%를 밑돌 것으로 전망되고 있다. 개인소비지출 물가상승률은 한국의 소비자물가상승률과 비슷한 개념이다. 여기에 붙은 '근원'은 순수하게 수요 압력으로 초래되는 물가상승률만을 본다는 의미로, 개인소비지출 물가상승률에서 석유류와 농산물 가격의 변동률을 제외한 물가상승률이다. 통화정책은 기본적으로 수요관리를 통해 물가를 조절하는 정책이기 때문에 수요 변동에서 비롯되는 물가 변동을 보기 위해 이런 개념의 기준 지표로 사용하기도 한다. 한국도 한동안 근원소비자물가상승률을 기준 지표로 사용했으나 지금은 소비자물가상승률을 사용하고 있다.

통화량이나 금리 변동이 물가에 영향을 미치려면 시간이 걸린다. 이를 통화정책의 파급시차라고 한다. 때문에 정책을 펼 때는 단기 물가상승률보다는 3년 내외의 중장기 물가상승률을 기준으로 한다. 대부분의 중앙은행들은 완전고용이 가능한 중장기 물가상승률을 추정해 이를 목표로 정하는데 미국과 한국 등 많은 나라의 중앙은행들의 중장기 물가상승률

목표는 2%다. 미국의 PCE 상승률 2%는 2016~2017년쯤 달성될 것으로 전망되고 있다.

이처럼 2015년 실업률이 5%대에 진입하고, 물가상승률이 2%대로 높아지지만 여전히 연준이 목표로 잡는 실업률과 물가상승률에는 미치지 못한다. 따라서 통화정책의 파급시차를 고려하면 연준의 금리정상화는 금리를 2015년 중·하반기 1.5%, 2016년 2.5%, 2017년 3.5%로 점차로 인상하는 방안이 유력해 보인다.

2. 전대미문의 '양적 완화'와 경제회복

유로존 경제는 재침체 우려가 제기되고, 중국은 성장이 둔화되며, 일본은 회복이 부진한데 왜 미국만 이처럼 탄탄한 회복세를 보이는가.

'적극적인 가계부채 감축 프로그램'과 연준의 '주택저당채권 매입을 통한 부동산 경기 부양'으로 가계의 실질 순자산은 늘리고, 가계부채비율은 낮춰 개인 소비지출을 회복시켰다는 점이 핵심이다. 그 결과 투자가 늘고 고용이 증가하면서 가계소득이 높아지며 소비가 활성화되는 선순환 과정이 시작된 것이다. 장기 저성장이 우려되는 한국 경제에 교훈을 주는 대목이다.

이 선순환의 배경에는 '양적 완화(QE: Quantitative Easing)'라는 전대미문의 파격적 통화정책이 있다. 2008년 9월 15일 리먼 브라더스가 파산하자 미국 연준은 일차로 기준 금리인 연방기금 금리를 10월에 1% 미만으로 낮추고 12월에는 0.1%대로 또 낮춰 제로금리 시대를 열었다.

이어 제로금리 상태에서 추가로 채권을 매입, 본원 통화를 공급하는 양적 완화정책을 시작했다. 3차에 걸친 통화 공급과 기타 조치는 다음과 같다(표 6).

- 1차: 2008년 12월~2010년 3월, 1조 7,500억 달러.
- 2차: 2010년 11월~2011년 6월, 6,000억 달러.
- 3차: 2013년 1월~2014년 12월, 에이전시 모기지 담보증권(MBS) 월 400억 달러 규모 매입.
- 2011년 9월과 2012년 6월, 각각 4,000억 달러와 2,670억 달러 규모로 '단기국채 매도-장기국채 매입' 방식으로 장·단기 국채 교체매매(OT: Operation Twist)도 시행(본원 통화를 추가로 공급하지 않으면서도 투자에 필요한 장기 자금을 제공하는 정책).

〈표 6〉 미국의 비전통적인 통화정책 추진내용

정책	기간	규모 (억 달러)	대상증권
QE1	2008.12~2010.3	17,500	1조4,500억 달러 주택저당채권, 3,000억 달러 국채
QE2	2010.11~2011.6	6,000	6,000억 달러 재정증권
OT1	2011.9	4,000	단기국채 매각 장기국채 매입
OT2	2012.6	2,670	단기국채 매각 장기국채 매입
QE3	2012.9~2014.10	8,400	매월 400억 달러 주택저당채권
QE3(추가)	2013.1~2014.10	7,900	매월 450억 달러 장기 재정증권
QE축소	2014.1~2014.10		

주: QE=양적 완화(Quantitative Easing), OT=장·단기 국채 교체매매(Operation Twist).
자료: 미국 연방준비제도.

양적 완화로 미국 경제가 회복되긴 했지만 돈이 너무 많이 풀렸기 때문에 '푸는 돈의 양'을 점진적으로 줄일 필요가 있었다. '양적 완화의 출구 전략'이다.

연준은 너무 빨리 줄이면 금리가 올라 회복되던 경기에 찬물을 끼얹을 것을 우려해 월 850억 달러 규모이던 채권(국채+주택저당채권) 매입 금액을 2014년 1월부터 10월까지 서서히 줄여 나갔다. 이에 따라 본원통화 총액은 2008년 11월 1조 4,422억 달러에서 2014년 9월 4조 492억 달러로 모두 2조 6,070달러 증가했다(그림 10).

〈그림 10〉 미국의 금리와 본원통화량 변동 추이

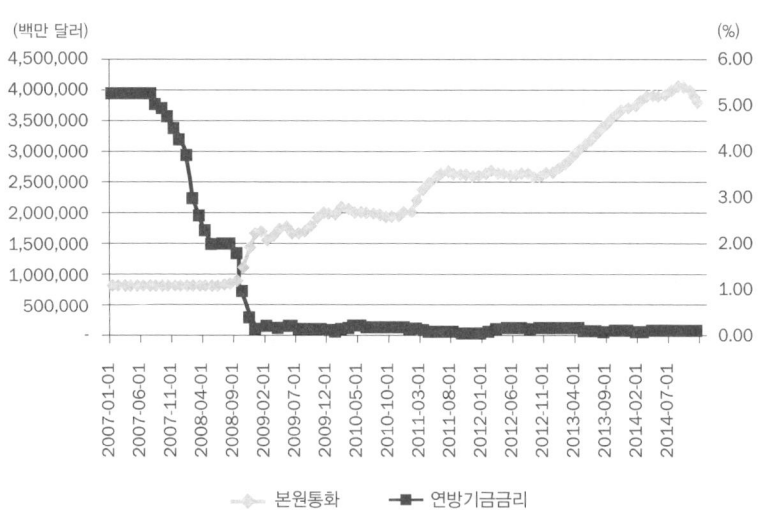

자료: 미국 연방준비제도.

금리가 0.1%, 제로 수준인 가운데 엄청난 양의 돈을 계속 풀었기 때문에 기업과 가계는 큰 부담 없이 투자하고 소비할 수 있었다. 그 결과 경기가 회복되면서 시장에서 금리가 오르고 회복되던 경기가 주저앉을 기미를 보일 때마다 경기를 떠받치기 위해 다시 돈을 푸는 일이 반복되었다.

이렇게 다양한 정책이 시행되면서 혼선이 발생하는 것을 막기 위해 연준이 운용한 중요한 전략이 선제적 지침(forward guidance)이다. 이는 '실업률과 물가상승률이 어느 수준이 돼야 금리를 인상한다'는 지침을 꾸준히 제시해 정책의 투명성과 신뢰를 높이고, '경기회복=금리인상'으로 받아들이는 시장의 불안감을 해소해 소비와 투자를 진작시키려는 소통 전략으로 긍정적 평가를 받고 있다.

경기가 본궤도에 올라 시장의 힘으로 경제가 잘 운용된다고 판단되면 미국은 금리를 정상화하고 많이 풀린 본원 통화도 회수하는 '통화 정책 정상화'를 짧게는 2~3년, 길게는 3~4년에 걸쳐 추진할 것으로 전망된다. 이 과정에서 달러화 강세가 지속되는 소위 '슈퍼달러 현상'이 나타날 수 있다. 그렇게 되면 글로벌 투자 자금이 신흥 시장국에서 미국으로 역류, 외화 유동성 위기와 성장률 둔화가 초래될 수 있기 때문에 신흥 시장국에는 대책 마련이 중요해지고 있다.

3. 경기회복의 핵심 인물, 연준의 버냉키

1850년에 설립돼 158년 역사를 자랑하던 세계적 투자은행 리먼 브라더스가 2008년 9월 파산하고 전 세계의 주가가 폭락하자 세계 금융전문가들은 경악했다. 전문가들은 1929년 악몽을 떠올리며 세계 경제가 다시 대공황으로 진입할 가능성을 우려했다.

그 와중에 벤 버냉키(Ben Bernanke)라는 걸출한 인물이 사실상 세계의 중앙은행 역할을 하는 미국 연준의 의장이었다는 것은 세계를 위해 불행 중 다행이었다. 그는 MIT에서 경제학 박사를 받고 프린스턴 대학 교수로

있던 중 2006년 2월 연준 의장에 임명됐다. 주요 연구분야가 대공황이었고 그의 대공황 연구논문은 대학원에서 필수 논문일 정도였다. 버냉키는 금융위기가 대공황으로 번지지 않으려면 어떻게 해야 하는지를 잘 알고 있었다.

리먼 브라더스가 파산하자 그는 곧바로 금리를 제로수준으로 낮추고 돈을 거의 무한정 푸는 양적 완화 통화정책을 실시했다. 정상적 상황이라면 실시할 수 없어 '비전통적'이라는 수식어가 따라 다니는 정책이다. 대공황 때 영국의 경제학자 케인즈가 주장했던 통화정책이 부활했다는 평가도 나오고 있다.

미국 경제는 회복되기 시작했다. 미국 정책을 따라한 영국 경제도 회복 중이다. 2012년부터 미국을 따라 하기 시작한 일본 경제는 20년 장기불황에서 벗어나는 조짐을 보이다 소비세 인상의 여파로 다소 주춤거린다. 다른 나라들은 아직도 어렵다.

리먼 브라더스가 파산하고 주가가 폭락한다고 아무나 이런 정책을 시행할 수 없다. 그 분야에 정통해 웬만한 확신이 없으면 불가능하다. 이런 공로를 인정해 타임지는 2009년 올해의 인물로 연준의 버냉키 의장을 선정하고 '세계를 구했다'고 평가했다. 미국의 힘은 이처럼 중요한 위치에 최고의 전문가가 포진하고 있는 데서 나온다.

유럽은 여전히 트리플 딥이 우려되는 상황에 머물고 있다. 유럽중앙은행도 돈을 풀기는 했지만 미국식으로 국채나 주택저당채권을 매입하는 대신 회사채 매입을 통해 풀었다. 그러다 보니 계속되는 경기침체로 중앙은행이 매입할 만한 우량 회사채가 많지 않아 충분한 돈이 풀리지 않았다. 마침내 2015년 1월 22일 유럽중앙은행도 올해 3월부터 2016년 9월까지 매월 600억 유로씩 총 1조 1,400억 유로의 국채를 매입하는 미국식 양적 완화를 실시하기로 결정했다.

2012년부터 3%대의 저성장기에 접어든 한국은 소비자물가상승률이 2013~2014년 연속 1.3%에 머물렀다. 2014년 12월과 2015년 1월 물가도 연속해서 전년동기비 0.8%까지 하락해 디플레이션 우려가 제기되고 있다. 설상가상으로 엔화대비 원화 환율이 2012년 6월부터 3년째 60% 절상되면서 2002~2011년 10년간 연평균 15%이던 수출 증가율이 2012~2013년 연속 2%대로 떨어지고 2014년엔 -0.5%를 기록했다. 그런데도 여전히 디플레이션 가능성이 있느니 없느니, 금리를 인하해야 하느니 마느니 하는 논쟁으로 시간을 보내고 있다. 영국, 일본, 심지어 신흥국 가운데 경기회복이 뚜렷한 인도의 중앙은행 통화정책을 보면서 교훈으로 삼아야 한다.

제2부
3장. 부활하는 제조업

고명현
아산정책연구원 연구위원

"미국은 더 이상 아웃소싱으로, 악성부채로, 불건전한 이익(phony financial profits)으로 경제를 약화시키지 않을 것입니다. 오늘, 나는 우리가 어떻게 전진하고 있으며, 지속 가능한 경제 다시 말해 제조업, 에너지, 미국 노동자의 기술력, 새로운 미국적 가치에 기반한 청사진을 어떻게 만들고 있는지를 말하고자 합니다. 청사진은 미국의 제조업에서 시작됩니다.

제가 집무실에 들어온 그날, 우리의 자동차 산업은 붕괴 직전이었습니다. 어떤 이는 그냥 무너지게 놔두자고 했습니다. 나는 그럴 수 없었습니다. 수 백만 일자리가 걸려 있는 산업이었습니다. 우리는 지원해 주는 만큼 책임감을 가지라고 요구했습니다.

오늘 제너럴 모터스는 세계 제1의 자동차 업체로 복귀했습니다. 크라이슬러는 어느 자동차 회사보다 빠르게 미국 내에서 성장하고 있습니다. 포드는 미국 내에 공장과 가공 설비(plants and factories)를 세우는 데에 수십억 달러를 투자했습니다."

2012년 버락 오바마 대통령 신년 연설의 일부다. 그는 '미국 경제를 이끄는 새로운 엔진은 제조업'이라는 새 패러다임을 선언했다. 제조업을 부흥시키고 수출을 늘리자는 말이다. '돈 놓고 돈 벌기'에 급급한 금융업을 규제하고 미국적 가치인 도전 정신과 사업가 정신을 제조업에서 되살리겠다는 의지다. 하지만 미국인 스스로가 비웃던 제조업에 방점을 두겠다는 새 패러다임에 세계는 반신반의했다. 오히려 "세계 경제의 차세대 엔진은 미국이 아니라 승승장구하는 중국"이라는 주장이 힘을 얻었다.

2008년 위기 이전 미국의 금융 부문은 최첨단 기법과 혁신으로 이름을 날렸다. 구글과 아마존닷컴 같은 기업과 애플, 보잉 같은 첨단 기업도 주목 받았지만, 세계는 골드만 삭스, 메릴 린치, 리먼 브라더스, 베어 스턴스 같은 투자은행을 더 부러워했다.

미국의 금융업은 파생상품의 일종인 주택저당증권(MBS: Mortgage Backed Securities)이란 '기발한 상품'으로 미국에 엄청난 부를 안겼다. 돈이 풀리면서 주택가격이 계속 올라 부자가 양산됐고, 주택담보 대출을 받은 이들은 그 돈으로 집을 또 사거나 살고 있는 집을 단장하고 확장했다. 파생상품을 통한 성장은 '굴뚝 없는 산업'으로 각광 받았다. 한국 같은 중공업 위주의 제조업 국가들은 "미국 투자 은행들이 하루 아침에 긁어 모으는 돈을 우리는 몇 백만 대 자동차를 내다 팔아야 겨우 번다"고 자조했다.

하지만 2008년 금융위기가 닥치자 거대 은행들은 무너졌다. '굴뚝 없는 산업'으로 각광받던 첨단 금융업은 신기루처럼 허물어졌다. 서민들에게 끝없이 부를 안겨 줄 것 같던 주택 시장은 애물단지가 됐다. 금융 시장의 몰락은 월가만 삼킨 게 아니었다. 세계 최고의 자동차 기업인 GM이 법정관리에 들어가고, 크라이슬러는 피아트에 팔렸다. 제조업과 첨단 금융업의 몰락에 미국인들은 경악했다.

그러나 금융위기 6년, 오바마 대통령의 2012년 신년 연설 3년이 지난 지금, 제조업은 강한 경쟁력으로 미국 경제의 부활을 이끌고 있다. '세계의 공장'이라는 중국에 맞서 임금을 대폭 삭감한 것도 아니며 일본처럼 일부 첨단 부문을 특화한 것도 아니다. 거의 모든 분야에서 미국 제조업은 부활하고 있다.

미국 싱크탱크인 '맨해튼 정책 연구소(Manhattan Institute for Policy Research)'의 2014년 보고서에 따르면 미국 경제의 견인차는 각 지역마다 특화된 제조업이다. 특히 자동차의 부활은 눈부시다. 자동차 산업이 전통적으로 강했던 미시간, 일리노이, 오하이오 주 뿐만 아니라 해외자동차 회사들이 공장을 세운 테네시, 앨라배마, 조지아 주에서도 자동차 산업이

〈표 7〉 제조업 중심 주들의 높은 경제성장률

(단위: %)

	제조업 고용률 변동 (2010년 1월 ~ 2013년 11월)	현재 전체 실업률	최근 실업률 최고점과 차이
미시간	21.8	8.8	-38.0
노스다코타	16.1	2.6	-38.1
사우스다코타	15.7	3.6	-33.3
와이오밍	14.0	4.4	-41.3
인디애나	11.9	7.3	-32.4
아이다호	11.7	6.1	-30.7
유타	10.4	4.3	-48.8
위스콘신	10.0	6.3	-31.5
워싱턴	9.6	6.8	-33.3
사우스 캐롤라이나	9.2	7.1	-40.3
몬태나	9.0	5.2	-23.5
테네시	8.6	8.1	-26.4
콜로라도	8.4	6.5	-28.6
아이오와	8.0	4.4	-31.3
텍사스	7.9	6.1	-26.5
미국	5.0	6.7	-33.0

자료: Corneretone Macro LP, Department of Labor, FactSet. State date as of November 30, 2013.
U.S. date as of December 31, 2013.

급성장하고 있다. 경기가 회복세에 들어서면서 자동차 구매가 늘어난 것만도 아니다. 제조업 부활에 맞추어 가격 경쟁력을 갖춘 미국 자동차들이 본격적으로 전 세계에 수출되기 시작했다. 2010년 1.3백만 대에 불과하던 수출이 2014년에는 2.1백만 대로 늘었다.

실리콘밸리가 있는 산호세(San Jose)는 IT, 휴스턴은 석유·가스 분야를 통해 미국 경제 발전의 일익을 담당한다. 제조업은 실업률도 낮춘다. 찰스 슈왑(Charles Schwab) 증권사의 2014년 보고서에 따르면 제조업이 발달한 미국 15개 주에서 실업률 감소폭이 가장 크게 나타난다(표 7). 이

⟨그림 11⟩ 2012년 미국 경제활동 부문 당 GDP 변화 기여도

(단위: %)

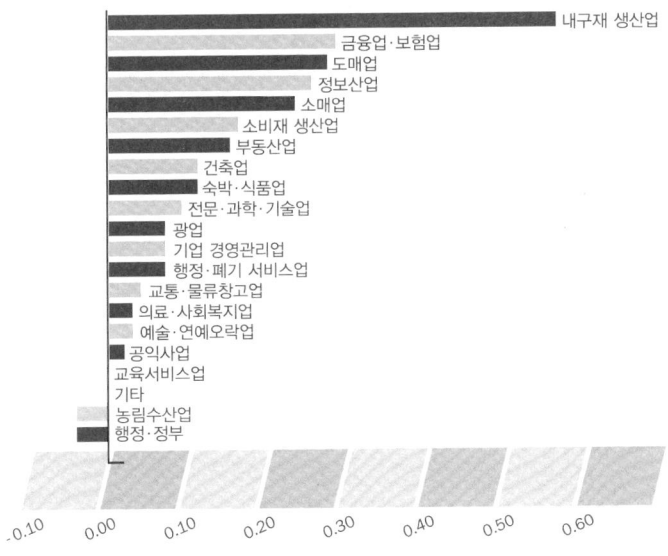

자료: Charles Schwab U.S. Manufacturing and Energy Revival-Finding Opportunities.

런 미국 제조업의 부활은 신조어도 만들었다. 산업공동화를 의미하던 오프쇼어링(offshoring)은 '제조업의 미국 복귀'를 뜻하는 리쇼어링(reshoring)에 자리를 내줬다. 그뿐 아니다. 제조업은 2012년 미국 GDP 성장의 1등 공신이었으며, 금융산업의 기여도는 제조업의 반 정도에 그친다(그림 11).

쇠퇴의 길로 접어들던 미국 제조업이 이렇게 빠르고 강하게 되살아난 비결은 무엇일까? 아래의 세 요인으로 함축할 수 있다.

1) 에너지: 셰일가스 혁명
2) 혁신 기술의 빠른 적용
3) 제조 패러다임의 변화: 하드웨어에서 소프트웨어로

1. 에너지: 셰일가스 혁명

현대적 기기를 가동하려면 대량의 전기가 필요하다. 그런 기기에 의지하는 제조업에 에너지는 매우 중요한 생산 요소다. 보스턴 컨설팅 그룹(BCG)에 의하면 낮아진 에너지 비용 덕에 미국 제조업 전반에서 생산 비용이 1~2%가량 떨어질 것이라고 예상했다. 전기 없는 중화학 공업도 상상할 수 없다. 예를 들어 원유에서 1갤런의 가솔린을 정제하는 데 약 5kwh 전력이 필요하며(*Business Insider*, 2011), 1kg의 알루미늄을 생산하는 데는 약 15kwh의 전력이 들어간다. BCG의 2014년도 보고서는 중화학 공업의 경우 미국 기업들이 해외경쟁 기업에 비교해 최대 50%까지 생산비를 낮출 수 있을 것으로 전망하고 있다.

지난해까지만 해도 고공비행하던 에너지 가격은 미국 제조업 쇠퇴에 일조했다. 특히 에너지 집약적인 중화학 공업은 한국과 중국으로 넘어간 듯 했다. 하지만 셰일가스 혁명은 2012년 미국(1,806.4Mtoe)이 러시아(1,331.6Mtoe)를 제치고 중국(2,525.3Mtoe)에 이어 세계 최대 에너지 생산국으로 올라서는 데 일조했다.[1] 또 '제조업의 빵'이라 할 수 있는 전기와 천연가스의 가격을 빠르게 낮췄다. 현재 미국의 천연가스 가격은 일본의 1/4, 영국의 1/3 수준인데(그림 12) 그 덕에 미국의 산업용 전기 가격은 독일·영국·일본의 절반 수준이며, 이탈리아의 1/4이다(그림 13). 낮은 전기 값은 미국 산업의 가격 경쟁력으로 직결되고 제조업 부활에 기여한다.

〈그림 12〉 미국·영국·일본의 천연가스 가격 비교

(단위: 달러/백만 Btu)

자료: 맥킨지글로벌인스티튜트.

2015년 '미국과 다른 나라의 제조비용 비교'(그림 14)에 따르면 미국 산업의 에너지 비용은 전체 생산비의 3% 정도로 중국보다 낮다. 원자재, 생산기기, 감가상각비 같은 기타 비용 부문에서 특정 국가가 경쟁력을 갖기 어렵다는 점을 고려하면 미국의 에너지 경쟁력이 제조업에 미치는 혜택이 얼마나 큰지 알 수 있다.

---

1. 총에너지 생산량. IEA, 2014 Key World Energy STATISTICS.

〈그림 13〉 미국 가스·전기 가격의 국제 경쟁력 비교

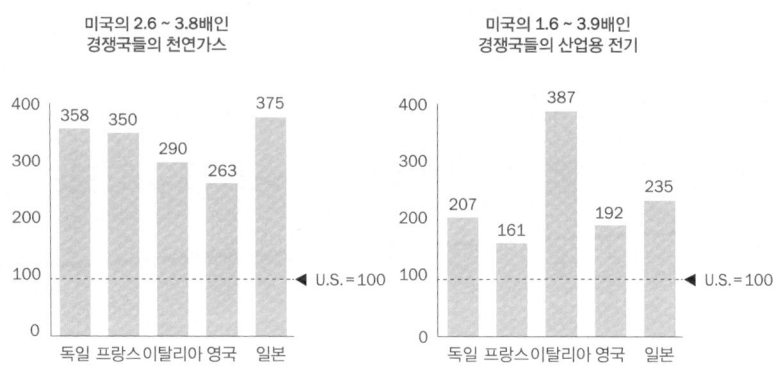

자료: 국제 에너지기구 분기별 에너지 가격 및 세금 통계(2012년 평균).

〈그림 14〉 미국과 다른 나라의 제조비용 비교 (2015)

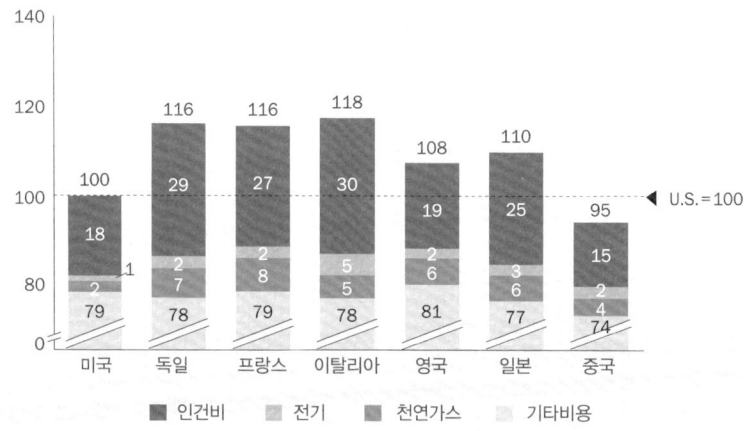

자료: 미국 노동통계국; 미국 경제분석국; 국제노동기구.

에너지 비용이 전부가 아니다. 〈그림 14〉에서 보듯 '생산성을 감안한 미국의 노동비용'도 18대 15로 중국에 육박할 만큼 낮다. 2013년 1인당 GDP가 미국은 5만3천 달러로 중국(6천8백 달러)의 7배가 넘지만 노동 비용은 비슷한데 그 비결은 제조업의 높은 생산성에 있다. 첨단기술을 적절히 활용해 고(高)효율을 유지하고, 끊임없는 혁신으로 제조업의 가격 경쟁력을 향상시킨다.

2. 혁신 기술의 빠른 적용

그런데 기술력이 높다는 미국을 찾는 한국 여행객이나 출장자들은 종종 인터넷 때문에 불편을 겪는다. LTE는커녕 3G 접속도 잘 안되고 인터넷 속도도 느리다. 미국 IT 기술의 상대적 후진성은 다보스 포럼으로 유명한 세계경제포럼이 매년 출간하는 2014년 판 '세계 경쟁력 보고서(Global Competitiveness Report)'에도 잘 드러난다. 보고서에 따르면 '인터넷을 사용하는 국민'의 비율이 한국은 84.1%, 미국이 81%이며, 초고속 인터넷 회선의 설치 비율은 한국이 100명당 37.6개로 미국 28개를 앞선다. 무선인터넷(mobile broadband) 가입자 수도 한국이 100명당 106명으로 74.7명인 미국을 크게 따돌린다. 초고속 인터넷과 스마트 폰 보급률 면에서도 한국은 세계 최고 수준이다. 이처럼 IT 기술의 응용 수준만 보면 한국이 미국을 크게 앞선다.

하지만 기술력 자체를 보면 반대다. 위 보고서의 '최첨단 기술 가용성(availability, 첨단기술 보급 순위)'에서 미국은 세계 6위, 한국은 27위다. 기업이 첨단기술을 흡수하는 능력(technological absorption)은 미국이 세계 9위, 한국은 21위다. 중국은 각각 105위, 71위로 한참 뒤진다.

새로운 패러다임으로 시장을 뒤흔든 기업들은 대부분 미국 회사들이다. 아마존닷컴(Amazon.com)은 인터넷으로 새로운 유통문화를 리드했고, 구글은 정보의 바다에서 깔끔하게 검색할 수 있게 해줬다. 전 세계 휴대폰 생산 업체들이 '피처 폰(feature phone)을 더 얇게' 만드는 경쟁에 몰두하고 있을 때 애플은 '손 안의 컴퓨터'인 스마트 폰을 출시했다. 전화기를 만들어 본 역사가 없었던 애플이 내놓은 아이폰 때문에 노키아, 모토롤라, 블랙베리 같은 쟁쟁한 기업들이 2~3년 사이에 무너지거나 매각됐다.

자동차와는 거리가 먼 검색기업 구글과 인터넷 결제 시스템 '페이팔'을 개발한 '테슬라(Tesla)'가 각각 선보인 무인 자동차와 전기차도 거대 기업들을 강타했다. GM을 비롯해 빅3로 불리는 미국 자동차 업체들이 2008년 법정 관리 신세가 되거나 해외로 매각되자 일본·독일·한국의 자동차 업체들은 강자가 사라진 시장에서 점유율을 한껏 높였다. 특히 토요타는 GM을 제치고 세계 1위 업체로 발돋움하려 했다. 그런데 테슬라의 전기차가 대히트를 치자 토요타는 전기 자동차 부문에서 기술을 빌려 쓰는 처지가 됐다.

연비를 자랑하던 일본 자동차가 미국 기업에 밀렸다면, 안전 기술을 자랑하는 독일 자동차들은 구글의 무인 자동차에 밀린다. 독일 자동차 업계는 오랫동안 유인 자동차에 무인 기술을 결합한 차량 개발에 공을 들여왔다. 앞 차와의 거리를 자동 조정하는 레이더 크루즈, 자동차 스스로 멈추거나 장애물을 카메라로 파악해 운전자에게 경고하는 기술이 모두 독일 자동차 업계의 작품이다. 그런데 자동차를 단 한번도 개발한 적이 없는 두 회사가 아예 무인 자동차를 만들어내 독일 자동차를 무색하게 만들었다. 스스로 방향을 바꾸고 서는 무인 자동차들은 한 번의 사고도 없이 오늘도 캘리포니아 고속도로를 달리고 있다.

이처럼 기존 시장을 흔들고 새로운 하드웨어를 만들어 내는 미국 기업의 저력은 어디에서 나올까. 더 정확하게는 어떻게 하루 아침에, 그것도

〈그림 15〉 테슬라 모델 S와 구글의 무인 자동차

테슬라 모델 S   구글의 무인 자동차

자료: 게티이미지코리아.

생소한 분야에서 기존의 쟁쟁한 업체들을 따돌릴 수 있었을까? 답은 제조업의 패러다임을 하드웨어에서 소프트웨어로 바꾼 데 있다. 미국은 이런 파격적 혁신을 주도하는 나라다.

3. 제조 패러다임의 변화: 하드웨어에서 소프트웨어로

2015년 세계 최대 전자 제품 전시회인 CES(Consumer Electronics Show)에 새로 등장한 '전자 제품'은 엉뚱하게 자동차였다. 지금까지 CES에는 컴퓨터, 스마트 폰, 대형 TV 같은 진짜 전자 제품이 나왔고, 자동차는 제네바, 디트로이트나 LA 오토 쇼로 갔다. 하지만 올해 CES에 자동차는 교통수단이 아닌 전자 제품의 자격으로 전시됐다. 구글의 무인 자동차 등이 '스마트 카'라는 새로운 옷을 입고 등장한 것이다. 스마트 카는 GPS 네비게이션, 어드밴스드 크루즈(차간 거리를 일정하게 유지하는 레이더), 차의 상태를 감안해 엔진 출력과 제동 장치를 적절하게 제어하는 기기 등을 갖춘 차를 말하는데 궁극적으론 스스로 운전하는 무인 자동차를 목표로 한다.

신개념 스마트 카의 최대 생산 기업들은 무인 자동차를 시험중인 구글과 앱 생태계를 지배하는 애플이다. 스마트 폰과 인터넷 분야에서 최고의 기술력을 보유한 이들은 경쟁력을 십분 활용해 전형적인 아날로그 제품으로 여겨지는 자동차도 디지털의 대상으로 삼고 있다. 삼성의 갤럭시 스마트 폰이 구글의 안드로이드 생태계를 확장하는 도구가 된 것처럼 자동차 업체들도 미국 인터넷 거대 기업들의 생태계에 포획되고 있다.

하드웨어에서 소프트웨어로 전환되는 것은 단순히 기술 혁신만을 의미하지 않는다. 저렴한 에너지가 미국 제조업의 가격 경쟁력을 배가시켰듯 미국 제조업의 소프트웨어 경쟁력은 생산성과 가격 경쟁력을 향상시킨다. 그 의미는 백악관이 2013년 발간한 '미국에서 제조업 하기: 미국 제조업의 사업가 정신과 혁신(Making in America: US Manufacturing Entrepreneurship and Innovation)' 보고서에 잘 나와 있다. 보고서는 미국이 새로운 제조업 패러다임을 선도할 수 있는 이유로 '컴퓨터와 3D 프린터를 이용한 저비용 조형 개발(low cost prototyping)', '슈퍼 컴퓨터를 이용해 디자인뿐 아니라 실제 사용까지 시뮬레이션하는 고차원 디지털 디자인'을 꼽는다. 포드 자동차는 3D 프린팅으로 조형 개발비의 99%를 절감했다고 한다.

제조업에 적용되는 이런 기술들은 소프트웨어의 연장선 상에 있다. 제조업체는 새 제품을 구상하고 시제품을 만들어 테스트해야 하는데 이런 단계에서 리스크를 크게 떠안는다. 소프트웨어 혁명으로 이런 과정을 과감하게 생략할 수 있다.

지금까지 제조업은 '더럽고, 위험하고, 어려운' 3D 산업으로 인식됐다. 미국 제조업의 지리적 중심은 자동차 산업과 철강, 그리고 화학산업이 밀집돼 있는 중북부와 동부였다. 그러나 20세기 후반에 들어 독일과 일본, 그리고 신흥 공업국가인 한국과 중국 등에 밀려 점차 쇠퇴하면서 '녹슨 벨트(rust belt)'라는 오명을 얻었다. 특히 자동차 산업의 중심 도시 디트로이트에선 대표 기업들이 무너지고 파산이 선고될 만큼 미국 제조업은 굴욕을 거듭 맛봤다.

하지만 미국은 '슘페터의 창조적 파괴' 정신이 잘 구현되는 나라다. 세계 굴지의 미국 대기업들이 장악해 온 산업이 쇠퇴하자 새로운 대체 산업을 창출해 냈다. 미국 경제의 쌍두마차 중 하나로 여겨진 금융산업이 2008년 무너지자 첨단기술 벤처기업들이 위기 극복의 핀치 히터로 등판했고 이제는 제조업이 쌓인 녹을 털어내며 영광과 명성을 향한 기지개를 켜고 있다.

4. 결론

미국 제조업은 활기차게 부활한다. 단순히 첨단 기술과 높은 생산성, 그리고 풍부한 에너지 같은 요소를 고루 갖췄기 때문만은 아니다. 소프트웨어 경쟁 우위를 십분 활용해 고부가 제조업 부문을 리드할 것이 확실하기 때문이다. '부즈앤컴퍼니(Booz & Co.)'의 보고서는 '고부가가치 산업으로써 제조업엔 기술개발과 혁신이 점점 중요해 진다'고 지적한다.

그에 따라 미국에서 "제조업은 블루칼라 업종"이란 말은 옛말이 돼가고 있다. 미 의회 조사국(CRS)의 2013년 6월 보고서에 따르면 미국 전체 제조업 종사자의 28%만 생산직에 종사하며 35%는 디자인·설계-연구개발-엔지니어링 같은 고학력 직종 종사자다.

미국 제조업의 부활은 단순히 거대 제조 업체의 재림이 아니다. 첨단 기술과 저비용을 바탕으로 강력한 생산성과 혁신 능력을 갖춘 새로운 패러다임의 등장이다.

제2부
4장. 돌아온 금융산업과 벤처캐피털

오정근
건국대학교 특임교수, 한국경제연구원 초빙연구위원

미국 금융산업의 경쟁력은 글로벌 금융위기 이전 수준을 거의 회복했다. 세계경제포럼의 2014년 '세계 경쟁력 보고서'에 따르면 미국 금융산업의 경쟁력은 2008년 세계 9위에서 2010년 31위까지 추락했다가 2014년 9위로 다시 올랐다.

벤처캐피털 자금조달 가능성은 특히 2008년 세계 1위에서 2010년 13위로 떨어졌지만 2013년과 2014년 3위로 상승했다. 이에 힘입어 한때 세계 7위로 떨어졌던 미국의 국가경쟁력도 3위로 복귀했다.

1. 2013년 자산 규모 세계 2위… 2007년 1위 거의 따라와

미국 금융산업 경쟁력이 회복되는 현상은 지표로 확인된다. 2013년 자산 규모 기준 세계 100대 은행은 중국 14곳, 미국 10곳, 일본 9곳, 독일 8곳, 영국과 프랑스는 각각 6곳이다(그림 16). 미국은 비약적 성장을 거듭하는 중국 다음으로 세계 2위를 유지한다. 2007년 1위였지만 위기로 추락했다가 회복된 것이다.

〈그림 16〉 세계 100대 은행 국가별 분포

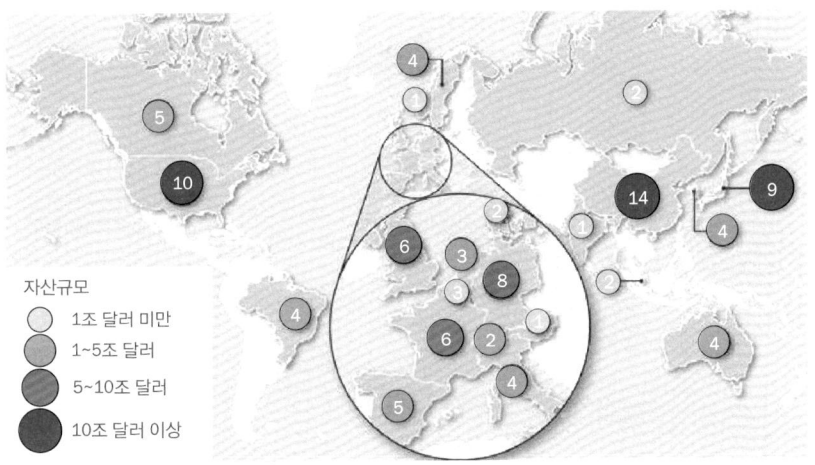

자료: SNL Financial, 2013. 12.

〈그림 17〉 세계 10대 주식시장 시가총액(2012)

(단위: 10억 달러)

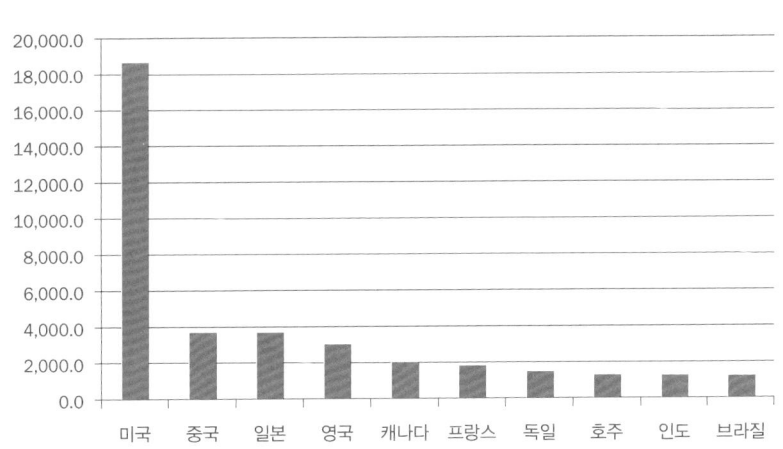

자료: 국제신용평가기관(S&P), 세계주식시장 현황, 2013.

〈표 8〉 세계 10대 주식시장 시가총액(2012)

(단위: 10억 달러)

순위	국가	시가총액
1	미국	18,668.3
2	중국	3,697.4
3	일본	3,681.0
4	영국	3,019.5
5	캐나다	2,016.1
6	프랑스	1,823.3
7	독일	1,486.3
8	호주	1,286.4
9	인도	1,263.3
10	브라질	1,229.9

자료: 국제신용평가기관(S&P), 세계주식시장 현황, 2013.

　전통적으로 은행보다 시장을 중심으로 금융을 발전시켜 온 미국 주식시장의 경쟁력은 단연 압도적이다. 2013년 주식 시가총액이 18조 7천억 달러로 각각 2위, 3위인 중국과 일본의 3조 7천억 달러, 4위인 영국의 3조 달러를 크게 웃돈다(그림 17, 표 8).
　시가총액이 글로벌 금융위기 이전 수준을 회복하고 주가 지수도 위기 이전을 넘어 사상 최고치를 거듭 갱신하고 있기 때문에 버블 우려마저 나온다(그림 18, 19).

〈그림 18〉 미국 다우지수 (1993~2013)

(단위: 포인트)

자료: Yahoo, Finance.

〈그림 19〉 미국 주식시장 시가총액 (1990~2012)

(단위: 10억 달러)

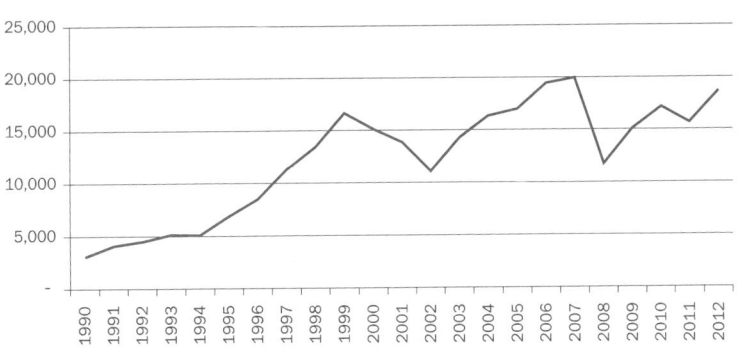

자료: 국제신용평가기관(S&P).

〈표 9〉 주요 국제금융시장 외환거래

(단위: 10억 달러/일)

	1995	1998	2001	2004	2007	2010	2013
영국	479	685	542	835	1,483	1,854	2,726
미국	266	383	273	499	745	904	1,263
싱가포르	107	145	104	134	242	266	383
일본	168	146	153	207	250	312	374
홍콩	91	80	68	106	181	238	275
스위스	88	92	76	85	254	249	216
전 세계	1,633	2,099	1,705	2,608	4,281	5,043	6,671

자료: 국제결제은행, '외환 및 파생상품 동향', 2013. 12.

〈표 10〉 주요 국제금융시장별 일거래량 비중

(단위: %)

	1995	1998	2001	2004	2007	2010	2013
영국	29.3	32.6	31.8	32.0	34.6	36.8	40.9
미국	16.3	18.3	16.0	19.1	17.4	17.9	18.9
싱가포르	6.6	6.9	6.1	5.1	5.6	5.3	5.7
일본	10.3	7.0	9.0	8.0	5.8	6.2	5.6
홍콩	5.6	3.8	4.0	4.1	4.2	4.7	4.1
스위스	5.4	4.4	4.5	3.3	5.9	4.9	3.2

자료: 국제결제은행, '외환 및 파생상품 동향', 2013. 12.

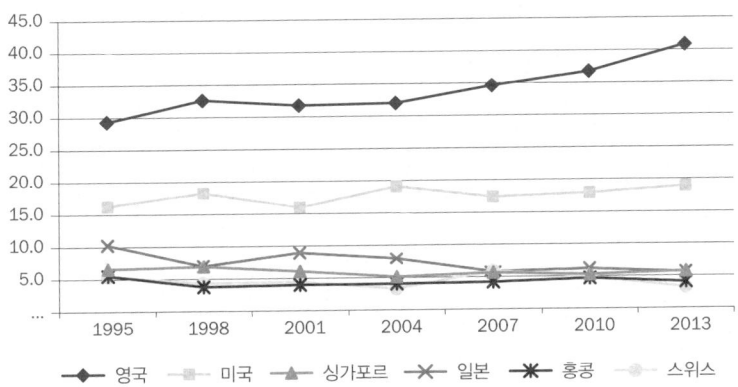

〈그림 20〉 주요 국제금융시장별 일거래량 비중

(단위: %)

자료: 국제결제은행, '외환 및 파생상품 동향', 2013. 12.

〈표 11〉 미국 금융산업 경쟁력과 벤처금융 가능성

	국가경쟁력 순위	금융부문 순위	벤처캐피털 가능성
2008	1	9	1
2009	2	20	7
2010	4	31	13
2011	5	22	12
2012	7	16	10
2013	5	10	3
2014	3	9	3

자료: 세계경제포럼, '세계 경쟁력 보고서', 각 년도.

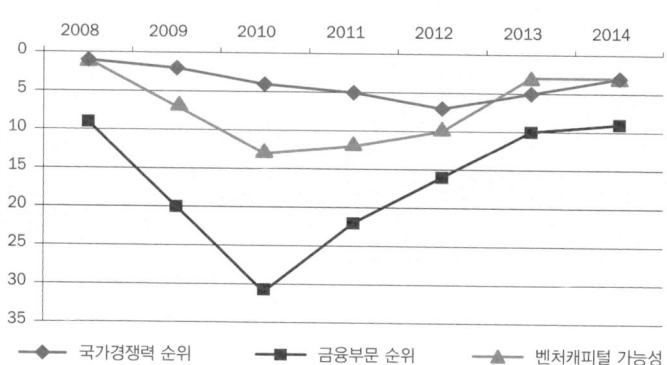

〈그림 21〉 미국 금융산업 경쟁력과 벤처금융 가능성

자료: 세계경제포럼, '세계 경쟁력 보고서', 각 년도.

　미국은 글로벌 금융위기로 전 세계 외환시장에서 차지하는 비중이 17%대로 낮아졌다가 다시 19%대 수준으로 회복하고 있다. 다만 순위로는 전통적 국제금융 중심지인 영국에 1위 자리를 여전히 내주고 있다(표 9, 10, 11, 그림 20, 21).

2. 은행들, 33년 체제로 복귀: 투자업무와 상업업무 분리

　미국 금융시장이 경쟁력을 회복하는 데는 강력한 개혁이 필요했다. 2010년 7월 22일 발효된 '월가 개혁 및 소비자보호법(Wall Street Reform and Consumer Protection Act, 일명 도드 프랭크법)'이 출발점이었다. 법의 핵심은 은행이 고객업무와 무관한 투자 거래를 금지한 것이다. 은행이 투자를 못하게 한 배경을 이해하기 위해서는 미국 금융사를 살펴 볼 필요가 있다.

미국 금융개혁의 역사는 규제(regulation)→규제완화→탈규제(deregulation) 또는 자유화(liberalization)→재규제(reregulation)를 반복한다. 은행업과 증권업도 그 흐름 속에서 '겸업 금지→허용→재금지'가 반복된다. 이는 은행이 대출해줄 때 엄격한 심사로 고객 안전을 확보하는 것과 달리 증권업은 리스크가 큰 투자로 고수익을 추구하는 수익 중심의 금융이기 때문이다. 안정성과 수익성이 늘 상반된다는 게 문제다.

1929년 대공황이 발생한 뒤 은행업과 증권업의 겸업을 금지하는 '1933년 은행법(Banking Act of 1933)', 일명 '글래스 스티걸 법(Glass-Steagall Act)'이 제정됐다. 겸업이 허용된 은행들이 위험 자산에 과도하게 투자했고 그 결과 주가가 폭락했으며 이로 인해 은행의 부도 위기가 커졌기 때문이다. 이때부터 미국에서는 상업은행과 투자은행의 업무 영역이 엄격히 분리돼 골드만 삭스, 리먼 브라더스 등은 투자은행으로, 뱅크오브아메리카, 시티뱅크 등은 상업(일반)은행의 선두주자로 성장하게 됐다. 투자은행은 리스크가 큰 주식에 투자해도 되지만 상업은행은 안전 위주로 투자하도록 법으로 규제했다.

투자은행과 상업은행의 엄격한 구별은 1999년 11월 클린턴 정부의 '금융산업 경쟁력 강화 정책'을 계기로 완화됐다. 은행들은 줄기차게 규제 완화를 요구했고 빌 클린턴 대통령도 미국인에게 'American Dream'인 '1가구 1주택'을 약속한 마당이어서 금융 문턱을 낮추는 분위기가 형성됐다. 월스트리트 상업은행들의 로비도 활발했다. 그 결과 상업은행의 주식투자를 허용하는 '금융서비스현대화법(그램-리치-브릴리법, Gramm-Leach-Bliley Act)'이 제정됐다. 66년 역사의 '글래스 스티걸 법'은 폐지됐다. 은행이 일반 대출 외에 고위험 채권·주식에 투자할 수 있게 됐다. 그 결과 금융공학과 파생상품시장이 발전하면서 금융산업은 획기적으로 발전했다.

많은 상업은행들이 돈을 갚기 힘든 저소득층에 '금리는 높지만 신용도가 낮은' 서브프라임(subprime) 주택저당대출을 늘리기 시작했다. 신용등급은 프라임, 서브프라임 등 다양한데 그 가운데 등급이 낮은 서브프라임 수준인 서민들도 집을 살 수 있게 낮은 금리로 대출해줬다. 그런데 이들은 대출금을 갚기 어렵다. 그래서 은행들은 여러 서브프라임 주택저당대출채권들을 신용등급이 높은 채권과 섞은 '유동화(또는 증권화)된 주택저당채권(MBS: Mortgage-Backed Securities)'이란 상품을 만들어 시장에 내놨다. 신용이 낮은 채권과 높은 채권이 뒤섞여 안정성은 낮았지만 고금리를 제시하자 잘 팔려나갔다.

하지만 주택 가격이 정점을 찍은 뒤 하락하자 서브프라임 주택저당대출채권과 유동화주택저당채권(MBS)이 잇달아 부도를 냈고 여기에 투자한 많은 금융회사들에도 연쇄 부도가 일어났다. 2008년 금융위기의 도화선이었다. 금융위기가 발생하자 상업은행들의 위험 자산 투자를 제한하자는 '볼커룰'이 대두됐다. 폴 볼커 전 연방준비제도(연준) 의장이 '은행의 투자업무와 상업업무를 구분했던 이전으로 돌아가야 한다'고 주장한 데서 비롯된 원칙이다.

이는 과도한 금융 규제완화, 금융 자유화, 안정성을 무시하고 수익성에 치중하는 '금융근본주의'에 대한 반성이었다. 이런 점들은 좌파 진영이 자본주의, 시장경제, 신자유주의의 문제를 거론할 때마다 등장했던 이슈들이었다. 'Occupy Wall Street' 시위도 미국 금융산업을 신자유주의의 화신으로 비난했었다.

'도드 프랭크 금융 개혁법'은 이런 배경 아래 제정됐다. 이 법에 따라 은행의 고객업무와 무관한 위험 투자·거래는 금지됐다. 다만 리스크 관리 차원에서 은행이 파생상품은 거래할 수 있게 허용하는 등 당초안보다는 완화됐다. 그리고 원(原)채무자의 신용을 알 수 없는 유동화채권의 무분별한 거래를 통제하기 위해 파생상품거래의 투명성을 높이는 조치도 도입됐다.

법에는 금융안정을 위한 여러 개혁 조치들이 포함돼 있는데 금융감독 체계 개편, 금융회사에 대한 규제 개선, 금융시장 투명성 강화, 소비자 보호로 요약된다. 내용은 다음과 같다.

- 대형 금융회사처럼 자산 규모가 일정 수준 이상이어서 '제도적으로 중요한 금융회사(SIFIs: Sytemically Important Financial Institutions)'들과 '금융시장의 제도적 위험(systemic risk)'을 효과적으로 관리하기 위해 금융안정감시위원회(FSOC: Financial Stability Oversight Council)를 설립하고 연준은 업종에 관계없이 이들 대형 금융회사를 특별 감독한다.
- 금융회사에 대한 규제 개선을 위해 '볼커룰'을 도입하는 것 외에 금융회사의 자기자본비율을 높이는 등 건전성 규제를 강화했다. 특히 '제도적으로 중요한 금융회사들'에 대한 건전성을 추가로 요구했다. 금융회사의 '대마불사 행태'를 막기 위해 대형금융기관의 인수합병을 금지하고 금융회사들이 이상 징후를 보이면 연준이 회사분할과 청산계획을 제출한다.
- 금융시장의 투명성 강화를 위해 장외파생상품도 증권거래위원회와 상품선물거래위원회의 감독을 받아야 한다. 금융회사가 주택저당채권 등 증권화 상품을 발행할 경우에 해당 채권을 5% 이상 보유하도록 함으로써 위험한 증권화 상품이 과도하게 발행되지 않도록 한다.
- 금융소비자 보호를 강화하기 위해 연준, 연방예금보험공사 등에 산재해있는 금융소비자 보호기능을 총괄하는 독립적인 금융소

비자보호국(CFPB: Consumer Financial Protection Bureau)을 연준 내에 설치한다.

요약하면 개혁법은 금융위기를 막기 위해 은행의 고위험 투자를 제한하고, 금융회사의 건전성을 강화했다. 또 위기가 발생해도 제도 전반으로 확산되지 않도록 연준이 최종 대부자(중앙은행인 연준이 돈을 찍어내 금융을 지원하기 때문에 이렇게 불린다)의 역할을 할 수 있게 감독 권한을 강화했다. 안정성을 중시하되 수익성과 금융 혁신을 저해하지 않도록 하는 고민도 반영했다.

2008년 위기로 추락했던 미국의 금융경쟁력이 회복되는 데는 이처럼 강력한 제도 개혁이 기반이 됐다. 1997년과 2008년 위기를 겪고도 금융 규제권은 내놓지 않아 금융산업 경쟁력이 세계 80위, 아프리카 우간다 수준으로 추락한 한국에 미국의 금융 개혁조치는 많은 시사점을 던져준다.

3. 금융 개혁의 반사 효과로 경쟁력 강화된 벤처금융과 창조경제

안정 중시로 돌아선 금융 개혁의 반사 효과로 벤처금융은 경쟁력이 강화돼 미국 경제의 혁신성을 높이는 데 일조하고 있다. 세계경제포럼에 따르면 미국 벤처캐피털의 경쟁력은 선진국 가운데 가장 높고, 특히 2013년과 2014년 경쟁력이 급속히 향상됐다(그림 22).

필자는 미국 창조 경제의 생태계를 연구하기 위해 2013년 여러 차례 실리콘밸리를 방문했다. 실리콘밸리는 수많은 세계 유수 정보통신 기업, 중·소 벤처창업기업과 이들에게 자금을 공급하는 엔젤투자자 및 벤처캐피털회사, 법률자문회사로 붐비는 세계 최대의 정보통신산업 메카다. 여기에 유수 대학과 각종 연구소, 산학클러스터, 투자자금을 회수할 수 있는 활발한 인수합병(M&A)시장과 장외주식시장 나스닥(NASDAQ)이 있어 발전을 촉진한다. 실리콘밸리가 이렇게 해서 2012년 유치한 벤처투자 규모는 109억 달러(12조 원)로 미국벤처투자의 41%나 된다(표 12).

〈그림 22〉 벤처캐피털 가능성(2014)

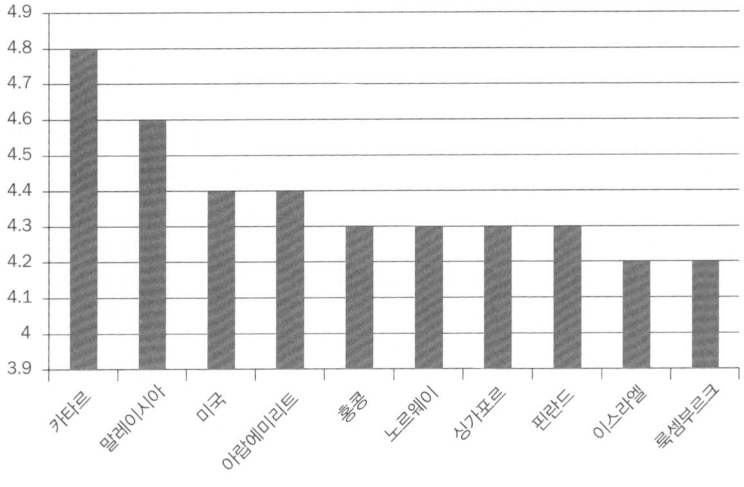

자료: 세계경제포럼, 2014~2015 세계 경쟁력 보고서, 2014.

〈표 12〉 실리콘밸리의 벤처투자규모

(단위: 억 달러, %)

	2010년	2011년	2012년	2013년 1분기
미국전체	233	295	265	59
실리콘밸리	93	116	109	22
비중	39.4	39.3	40.9	37.0

자료: National Venture Capital Association.

벤처캐피털은 벤처기업의 성공에 꼭 필요하다. 캐피털은 벤처기업이 창업하거나 사업을 확장할 때 '위험을 무릅쓰고' 투자하며, 기업이 성장하면 주식상장이나 인수합병을 통해 투자금을 회수한다.

실리콘밸리에 있는 벤처캐피털의 특징은 다음과 같다. 첫째, 투자여부는 창업하려는 벤처기업의 설명을 듣고 결정하지만 투자 대상을 적극 찾아 나서기도 한다. 예를 들어 실리콘밸리 내에 있는 스탠퍼드 대학은 모든 학과에 창업실무 과정을 개설하며 창업경연대회에 작품을 내고 참가해야 학점을 준다. 대회에는 벤처캐피털회사 전문가들이 심사위원으로 참가하며 우수한 기술과 아이디어는 즉석에서 투자 계약을 체결하는 경우도 있다.

둘째, 벤처캐피털 회사엔 산업전문가들이 많다. IT 분야를 예로 들면 모바일 소프트웨어, 클라우드 등 세부 분야별 전문가들이 포진해 있다. 이런 전문성을 토대로 창업벤처기업들의 기술 수준과 사업전망을 철저히 분석해 투자를 결정한다. 전문 기술이 없는 벤처캐피털 회사들은 큰 규모의 투자를 할 능력이 안되고 작은 투자는 창업벤처기업에 실질적인 도움이 되지 못한다. 2013년 1분기 미국창업기업들의 건당 평균 벤처투자규모는 680만 달러인데 실리콘밸리의 경우에는 810만 달러로 한국의 10배 수준이다.

셋째, 기업 단계를 창업-성장-기업공개로 나눌 경우 벤처캐피털 회사들은 주로 창업단계에 투자한다. 위험부담이 크지만 성공할 경우 투자수익률이 높아진다. 성장단계에서는 투자경쟁이 치열하고 수익률도 낮다.

넷째, 투자대상을 매우 까다롭게 선정하며 성공한 투자에서 막대한 이익을 남겨 여타 실패를 만회한다. 예를 들어 실리콘밸리의 벤처캐피털 회사들은 창업벤처기업들로부터 2,000개 프레젠테이션을 받으면 10개 정도만 선정해 투자한다. 그 중 6개는 1년 이내에, 3개는 3년 이내에 망하고

1개만 성공한다. 이 성공한 기업을 인수합병하거나 기업공개해 투자액의 수십~수백 배의 수익을 올리며 그렇게 나머지 9개의 투자 손실을 만회한다.

엔젤투자자도 창업초기에 중요한 자금 제공자 역할을 한다. 실리콘밸리의 엔젤투자자는 대부분 창업과 매각을 경험한 사람들이다. 이 가운데 성공한 벤처사업가들이 벌어들인 수익으로 엔젤투자를 하는 경우가 많다. 대부분은 성공한 벤처기업을 피(彼)인수합병해 큰 돈을 벌고, 계약에 따라 인수합병된 대기업에 3~4년 근무한 다음 다시 창업하거나 엔젤투자를 한다. 실리콘밸리의 마운틴 뷰에 있는 더엔젤스 포럼(The Angel's Forum)은 1997년 기업인 25명이 만든 엔젤투자자 그룹인데 16년간 100개 이상의 창업기업을 육성했다고 한다.

실리콘밸리에는 인수합병시장이 활성화돼 있다. 특히 유망 벤처기업을 인수합병하기 위한 대기업의 경쟁이 치열하다. 중견기업들도 경쟁에 뛰어들어 기업가치를 높이려 한다. 오라클, 마이크로소프트, 시스코, HP, 애플, 구글, 페이스북 등 미국의 대형 정보통신기업들은 모두 인수합병을 통해 성장했다.

오라클은 2012년 11개 회사를 인수합병했는데 1994년 이후 합병한 회사 수가 100여 개가 된다. 마이크로소프트나 시스코는 각각 150개 회사를, 구글은 124개 회사를 인수합병하면서 성장했다. 이러한 환경을 보고 수천 개 벤처창업기업들이 실리콘밸리로 몰려든다. 이런 기업들은 대부분 2~3년 내에 첨단제품을 개발하고 대기업이나 중견기업에 높은 가격으로 피인수합병돼 큰 이익을 내는 데 목표를 둔다.

대기업의 중·소 벤처기업 인수합병이 활성화되려면 대기업·중견기업·소규모벤처기업들이 공존하는 환경이 필요하다. 대기업 없이 벤처창업만 추진하면 투자하려는 벤처캐피털(자금)이 없게 되므로 창업은 실패할 확률이 높다. 아니면 정책자금 지원에 의지해야 하는데 그러면 국가부담이 커진다.

특허권이나 저작권과 같은 지적재산권도 엄격히 보호되기 때문에 지적재산권 사용료를 크게 내고 사용하거나 돈을 많이 들여 새로 개발하기보다 인수합병하는 편이 유리하다. 지적재산권이 강하게 보호되는 실리콘밸리에서는 엔지니어를 중요시해 기술 개발이 활발하다. 개발 업적의 상당부분도 개발자에게 귀속된다. 실리콘밸리의 특허출원건수는 2011년 16만 3,000건에서 2012년 16만 7,000건으로 증가했는데 미국 전체의 15%에 해당된다.

기업공개(IPO)시장도 투자자금을 회수하는데 중요하다. 벤처기업이 상장되는 나스닥은 신뢰가 높아 투자자들은 여기서 공개되는 기업을 믿고 투자한다. 실리콘밸리 벤처기업들은 적극적으로 피인수합병에 응하지만 스스로를 나스닥에 활발하게 상장한다. 미국뿐 아니라 전 세계 벤처기업들도 나스닥에서 공개하려 한다.

제2부
5장. '케인지언 외길' 추구한 대통령들

제임스 김
아산정책연구원 연구위원

"워싱턴은 파산했다!(Washington is broken!)"
미국을 경기침체와 재정위기로 몰아 간 원인이 워싱턴의 기득권 정치 라고 생각하는 사람들이 흔히 하는 말이다. 미국의 여론조사에 따르면 의회와 대통령에 대한 호감과 연방정부에 대한 신뢰는 바닥 수준이다(그림 23-1, 23-2, 23-3). 지난 몇 년간 보여준 행태에 대한 불만과 실망 때문이지만 몇몇 전문가들은 더 나아가 정치 구조의 '근본적 문제'도 지적한다.[1] 미국의 투표율이 1908년 이후 64%를 넘은 경우가 없다는 점, 중간

---

1. Thomas E. Mann and Norman J. Ornstein. 2012. *It's Even Worse than It Looks: How the American Constitutional System Collided with the New Politics of Extremism*. New York, NY: Basic Books; Norman J. Ornstein, Thomas E. Mann, Michael J. Malbin, Andrew Rugg, and Raffaela Wakeman. *Vital Statistics on Congress*. July 2013. Brookings Institute; Thomas E. Mann. "Why Washington D.C. is Broken·And How It Can be Fixed." *Scholars Strategy Network*. October 2012; Robert G. Kaiser. 2013. *Act of Congress: How America's Essential Institution Works, and How It Doesn't*. New York, NY: Vintage Books; Robert G. Kaiser. "Three Reasons Congress is Broken" *The Washington Post*. May 23, 2013; Todd Purdum. "Washington, We Have a Problem." *Vanity Fair*. September 2010.

〈그림 23〉 미국 여론과 투표율

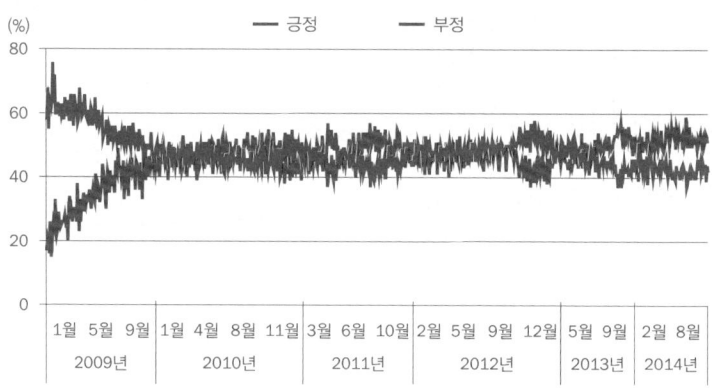

1. 대통령 지지율 (2009.01~2014.12)

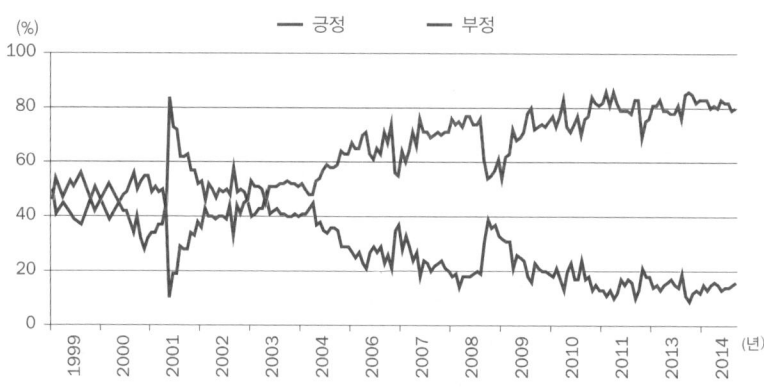

2. 미 의회 지지율 (1999.01~2014.12)

선거 투표율이 1920년 이래 50% 장벽을 못 넘었다는 점이 대표적 문제로 꼽힌다(그림 23-4). 그런 가운데 의회 양극화로 정치적 타협이 안돼 정

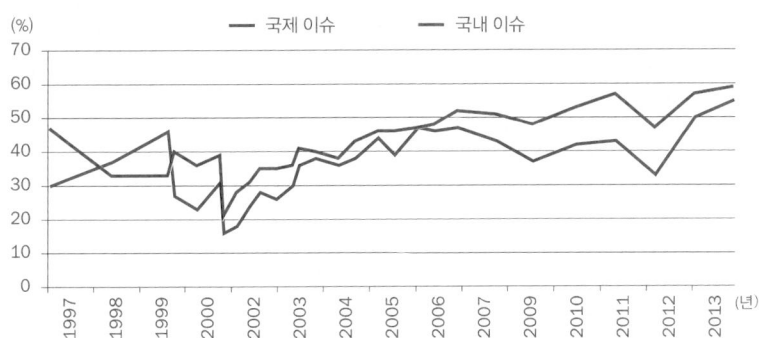

3. 연방정부 신뢰도 (1997~2014)

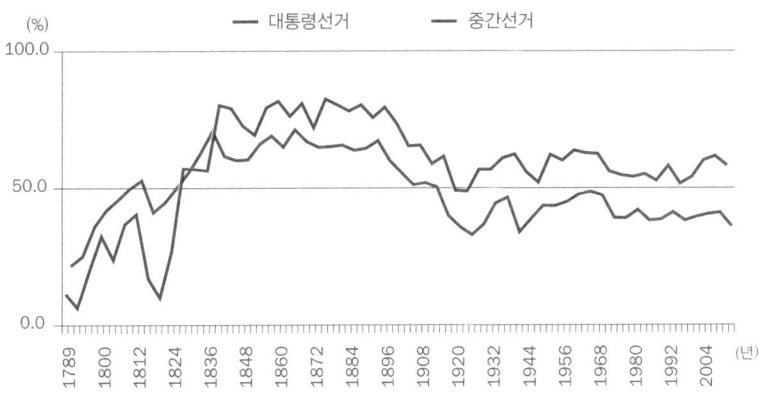

4. 미국 선거 투표율(1789~2013)

자료: Gallup, Ropers Poll, US Elections Project.

책 개선도 어렵다(그림 24). 그럼에도 미국 경제는 대공황 이후 최악의 금융 위기를 극복하고 꾸준히 회복됐다. 정치와 경제의 이 같은 패러독스를

〈그림 24〉 미국 의회의 양극화와 입법 생산성(1947~2013)[2]

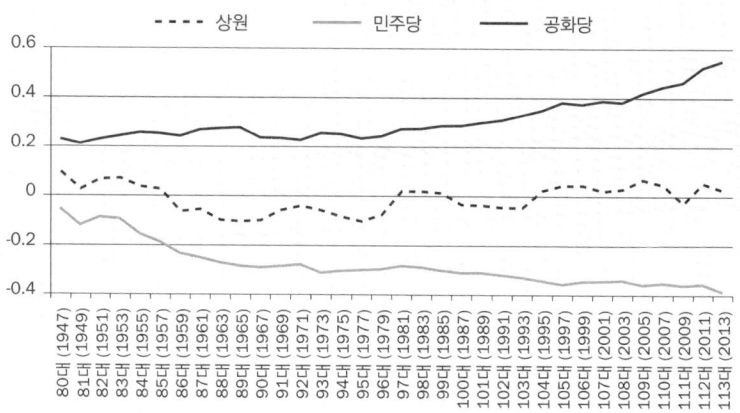

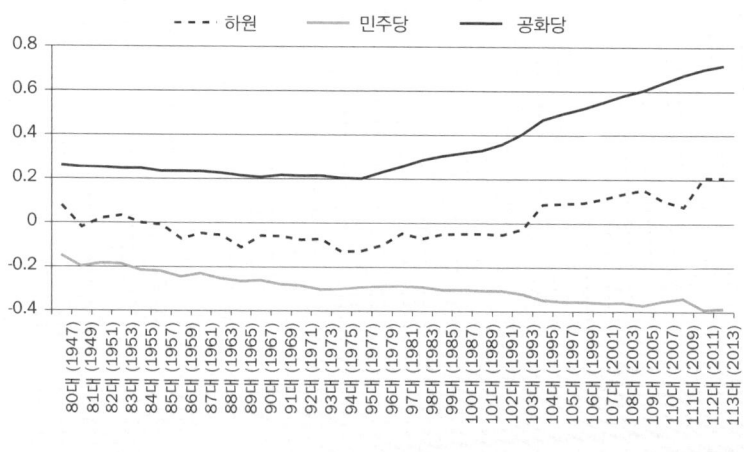

2. DW NOMINATE은 의회에 호명기록 투표를 기준으로 의원들의 이데올로기를 평가하는 통계 지수이다.

5장 '케인지언 외길' 추구한 대통령들 | 91

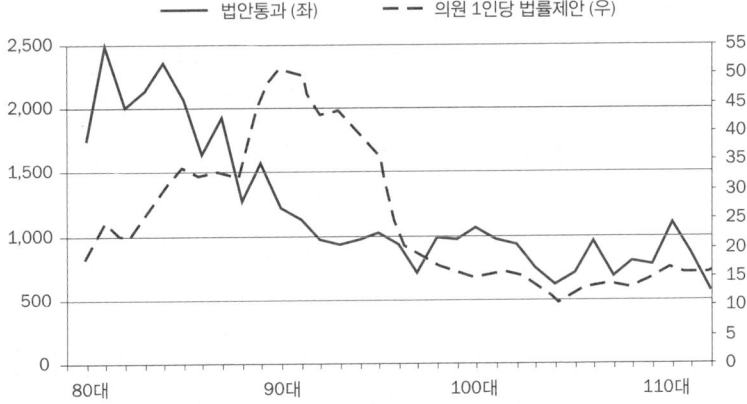

자료: Ornstein, Mann, Malbin, Rugg, & Wakeman (2013), Voteview.

〈그림 25〉 경제 성장과 고용·실업률

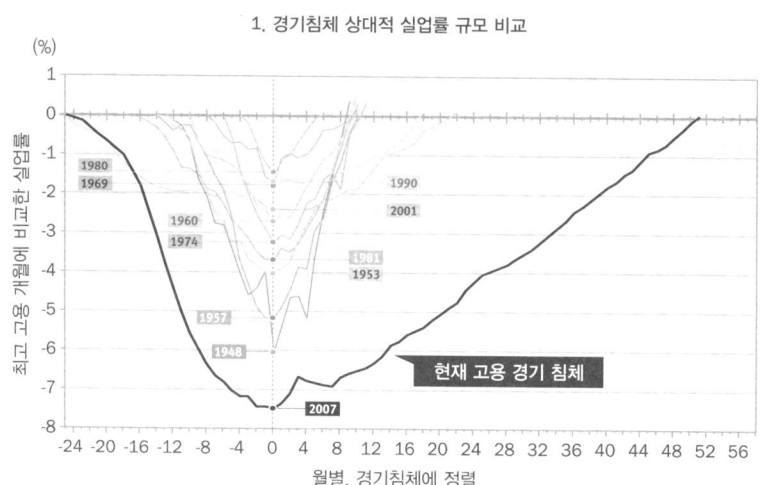

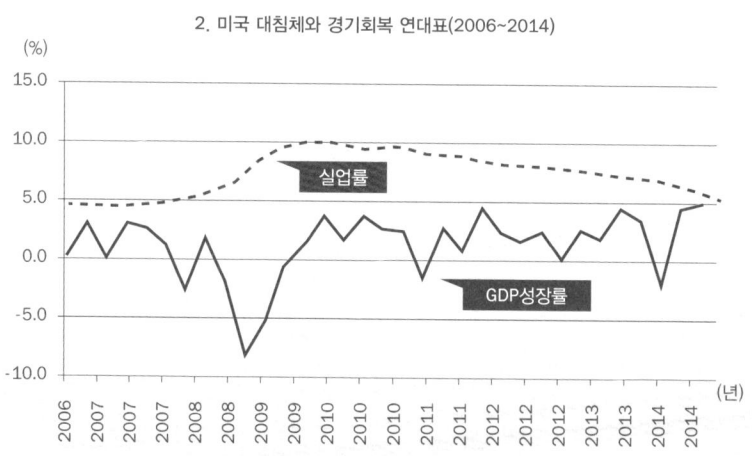

5장 '케인지언 외길' 추구한 대통령들 | 93

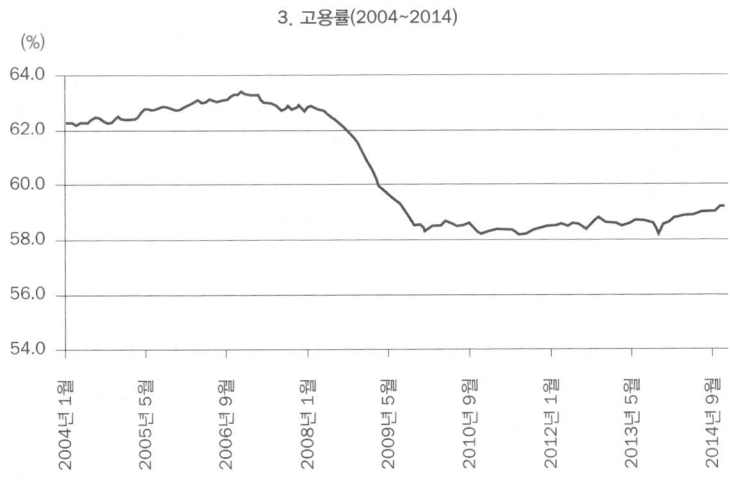

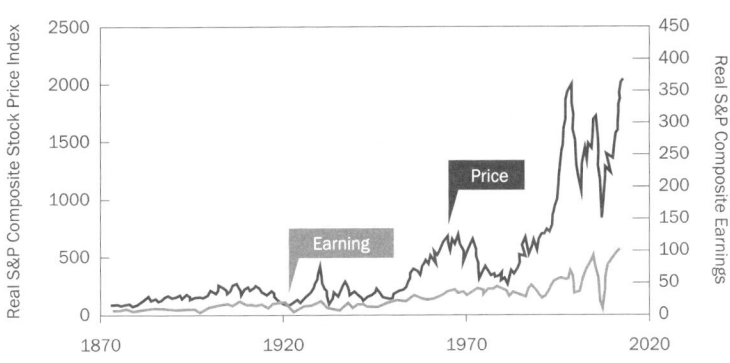

자료: Calculated Risk, Robert Schiller, 미 노동통계국 '경기침체와 상대적 실업률 규모'.
그래픽: 아산정책연구원 최성한.

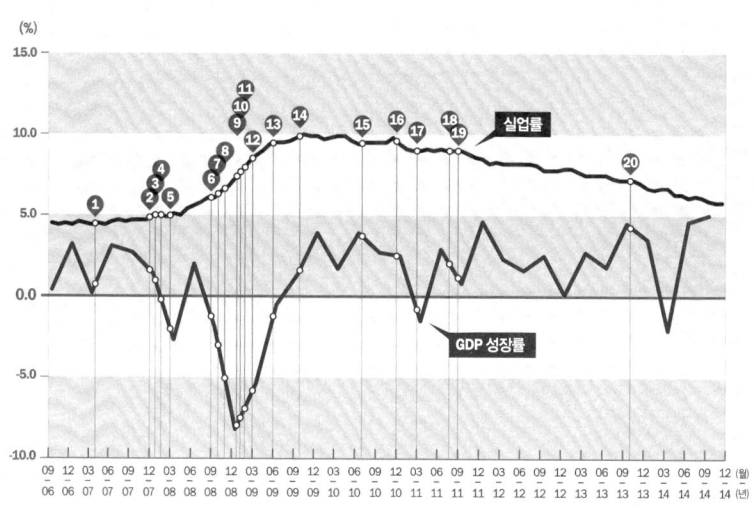

〈그림 26〉 미국 대침체와 경기회복 연대표(2006~2014)

❶	2007년 4월 2일	뉴센추리 파이낸셜(New Century Financial), 파산 신청
❷	2007년 12월	경기침체 진입. 실업률 5% 기록
❸	2008년 1월 30일	미 연준위, 10월부터 5차례에 걸쳐 단기금리를 3%로 인하
❹	2008년 2월 13일	부시 대통령, 2008년 경제진흥법(Economic Stimulus Act of 2008) 승인
❺	2008년 3월 16일	베어 스턴스(Bear Stearns) 투자은행, 파산으로 제이피모건 체이스(JPMorgan Chase)에 매각
❻	2008년 9월 7일	미 연방정부, 패니메(Fannie Mae)와 프레디맥(Freddie Mac) 국유화
❻	2008년 9월 15일	리먼 브라더스(Lehman Brothers), 미 역사상 최대 규모 파산 신청
❻	2008년 9월 16일	미 연준위, AIG 구제 조치
❼	2008년 10월 3일	부시 대통령, 7천억 달러 규모의 부실자산구제프로그램(TARP) 마련
❼	2008년 10월 6~10일	다우지수, 전주 대비 약 1,874 포인트(약 18%) 하락하며 최대 주간 하락률 기록
❼	2008년 10월 28일	미 재무부, 9개 은행에 총 1,250 억 달러 규모의 구제금융(TARP) 제공
❼	2008년 10월 29일	미 연준위, 단기 금리 1%로 인하
❽	2008년 11월 23일	미 연방정부, 씨티그룹 구제책 발표
❽	2008년 11월 25일	미 연준위, 기간자산담보부증권대출창구(TALF) 마련
❾	2008년 12월 16일	미 연준위, 사상 최초로 기준금리를 0%로 인하

⑨ 2008년 12월 19일	미 연방정부, 제너럴모터스(General Motors)와 크라이슬러(Chrysler)에 134억 달러 규모의 구제 금융(TARP) 제공
⑩ 2009년 1월 16일	미 연방정부, 뱅크오브아메리카(BoA) 구제 조치로 200억 달러 지원, 1천억 달러 자산 보증
⑪ 2009년 2월 17일	오바마 대통령, 7,870억 달러 규모의 경제회생조치(ARRA) 승인
⑫ 2009년 3월 9일	다우지수, 침체기 중 최저치인 6,547 포인트로 마감 최고치를 기록한 2007년 10월 9일 대비 약 54% 하락
⑬ 2009년 6월 1일	제너럴모터스(GM), 파산 신청 및 14개 미국 내 공장 폐쇄 결정 발표
⑬ 2009년 6월	18개월만에 경기침체가 종료되며 전후 최장기간 경기침체로 기록
⑭ 2009년 10월 2일	실업률이 10%를 상회하며 26년만에 처음으로 두자리수 기록
⑮ 2010년 7월 21일	오바마 대통령, 금융개혁조치로 '도드-프랭크 소비자보호법'(Dodd-Frank Wall Street Reform and Consumer Protection Act) 승인
⑯ 2010년 12월 31일	주택 압류(home foreclosure) 연 290만 건 기록
⑰ 2011년 3월 4일	실업률이 9% 아래로 하락
⑱ 2011년 8월 5일	스탠더드앤푸어스(S&P), 미국 국가신용등급을 AAA에서 AA+로 강등
⑲ 2011년 9월 7일	실업률이 8% 아래로 하락하며 2009년 1월 이후 최저치 기록
⑳ 2013년 10월	미 연방정부 폐쇄(셧다운)

그래픽: 아산정책연구원 최성한.

이해하려면 둘의 연관성을 생각해 볼 필요가 있다.

2008년 시작된 대침체(경제위기)는 규모와 범위 면에서 대공황 뒤 1940년대 이후에 발생한 10여 차례 경기침체와 크게 다르다(그림 25-1). GDP가 3% 넘게 추락했고(GDP 성장률 2007년 1.8%, 2008년 -0.3%, 2009년 -2.8%), 월별 실업률이 1982~1983년 이후 처음으로 10%를 넘었으며, 장기 실업률(〉27주)은 지난 60여 년 사이 최고를 기록했다(그림 25-2). 많은 대기업들이 파산 신청을 하거나 인수합병되거나 정부 지원을 받아야 했다(그림 26).[3]

미국의 경제회복 속도와 수준도 '많은 경제학자'의 기대 이하였다. 경제학자 빌 맥브라이드(Bill McBride)에 의하면 이번 경제 위기 동안 미국의 취업률이 침체 전 최고 고용 수준으로 회복되는 데 걸린 시간은 어느 때보다 길었고(그림 25-3) 경제성장률이나 생산성 증가율도 다른 비즈니스 사이클에 비해 뒤쳐진다.[4]

미국 정부는 2014년 실업률이 5%로 향상됐기 때문에 경제위기에서 벗어나고 있다는 입장이다. 그러나 버클리대학 경제학자 브래드 드롱(Brad DeLong)은 '현재 20~54세의 고용률이 경제침체가 시작된 2007~2008년보다 낮다'는 데서 문제를 찾는다. 실업률은 떨어졌지만(그림 25-2) 고용률은 2009년 경제위기 초반 이후 거의 개선되지 않고 있다는 것이다(그림 25-3).

'일할 의지가 있는 경제활동 인구'를 대상으로 하는 실업률과 달리 고용률은 '16세 이상 전체 경제활동 인구 중 실제로 취업한 사람'을 따진다.

이처럼 실업률은 떨어져도 고용률이 옆 걸음을 하는 이유는 몇 년간 실직상태에 있던 사람들이 취업을 아예 포기해 실업률 통계를 조사하는 모집단에서 제외되기 때문이다. 결국 '체감 실업률'은 정부가 발표하는 공

---

3. 월스트리트의 기둥으로 불리던 리먼 브라더스(Lehman Brothers)와 베어 스턴스(Bear Stearns)는 파산신고를 하였고 빅3(Big 3)자동차 기업의 하나인 GM은 정부 지원을 받았지만 결국 파산신청을 피할 수 없었다. 이 외에도 한 때 세계 최고의 이익을 자랑했던 패니메(Fannie Mae)와 프레디맥(Freddie Mac)과 더불어 미국의 대표적 보험회사인 AIG, 뱅크 오브 아메리카(Bank of America) 그리고 시티은행(Citibank) 모두 연방정부의 지원금이 필요했고 메릴 린치(Merrill Lynch)와 베어 스턴스 같은 기업들은 합병인수 될 수밖에 없었다.
4. Christian E. Weller and Jackie Odum, "Economic Snapshot: December 2014," *Center for American Progress*, December 23, 2014; Bill McBride, "May Unemployment Report: 217,000 Jobs,6.4% Unemployment Rate," June 6, 2014. (http://www.calculatedriskblog.com/2014/06/may-employment-report-217000-jobs-63.html); "Chart Book: The Legacy of the Great Recession," Center on Budget and Policy Priorities, December 23, 2014.

식 실업률보다 나쁘게 되는데 이는 미국 경제가 아직 늪에서 빠져 나오지 못했다는 의미라고 그는 평가했다(그림 25).[5] 미연방준비제도가 기준금리를 6년 넘게 인상하지 못하는 이유도 이 때문이다.[6]

1. 정권과 관계없는 '케인지언' 정책이 경기부양의 비결

그럼에도 미국 경제는 순탄하게(monotonic) 회복되고 있다(그림 25). 회복에 걸린 시간이 '학자들의 예상보다' 길었지만 최근의 경제는 활기차다. 같은 금융 위기로 어려움을 겪고 있는 유럽과 비교하면 이점이 분명하게 드러난다(그림 27).

미 상무부 경제분석국(US Department of Commerce-Bureau of Economic Analysis)의 2014년 12월 보고서에 의하면 미국의 3분기 GDP 성장률은 5%, 개인소비는 3.2% 증가했다(그림 25-2). 수출은 +4.5%였고 수입은 -0.9%를 기록했다. 2분기 수출·수입은 각각 +11.1%와 +11.3%였다. 노동통계국은 "실업률도 꾸준히 하락해 2014년 12월 실업률은 5.6%였고 고용인원도 25만2천 명 늘었다"고 발표했다. 2014년에 추가 고용된 사람은 2백95만 명으로 1999년 이후 최고 수준이다.[7] 2014년 8월 S&P 500(국제 신용평가기관인 미국의 Standard and Poors가 작성한 주가 지수)

---

5. Brad DeLong. "Musings on 25-54 Employment-to-Population Rates and the Macroeconomy: Daily Focus." Washington Center for Equitable Growth. December 30, 2014. (http://equitablegrowth.org/2014/12/30/musings-25-54-employment-population-rates-macroeconomy-daily-focus/); James Sherk. "Not Looking for Work: Why Labor Force Participation Has Fallen During the Recovery." *Backgrounder*. The Heritage Foundation. September 4, 2014.
6. "Why are Interest Rates Being Kept at a Low Level?" Board of Governors of the Federal Reserve System (http://www.federalreserve.gov/faqs/money_19277.htm).
7. *Employment Situation Summary*. U.S. Bureau of Labor Statistics. January 9, 2015.

〈그림 27〉 국가별 경제성장률(1980~2014)

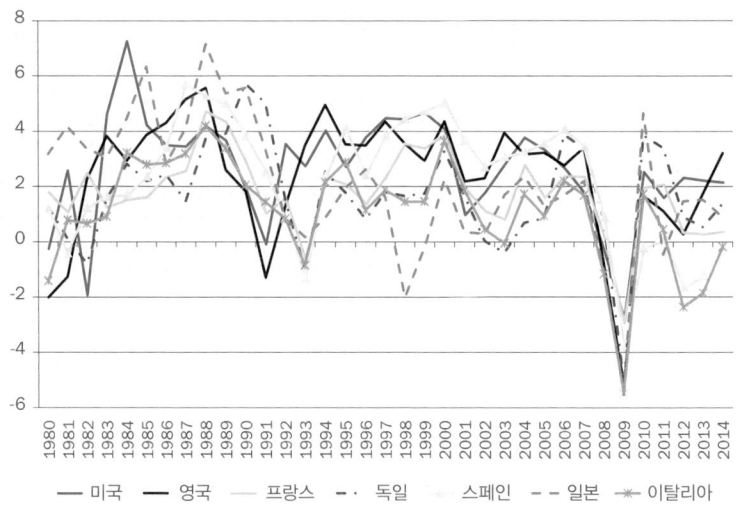

— 미국　— 영국　— 프랑스　-·- 독일　— 스페인　- - 일본　—※— 이탈리아

자료: IMF.

도 사상 처음으로 2,000포인트 선을 넘어섰다(그림 25-4).

이런 변화를 주도한 요소로 세 가지를 꼽을 수 있다.[8] 첫째는 정부의 적자 재정 정책이다. 2007~2009년이 정권 교체 기간임에도 미국은 경제위기에 대응해 당색(黨色)에 관계없이 '케인즈식'의 경기 부양 재정 정책을

---

8. Morgan Housel, "Two Speed Recovery: US vs. EU" *World Affairs Journal*, January/February 2014; Dan Steinbock, "Why America is Recovering, but Europe is Not," *EconoMonitor*, September 14, 2014; Irwin M. Stelzer, "America vs. Europe - Borrow-and-spend compared with austerity," *The Weekly Standard*, April 14, 2012; Floyd Norris, "U.S. Chose Better Path to Recovery," NY Times, May 3, 2012; Mark Weisbrot, "Why has Europe's economy done worse than the US?" *The Guardian*, January 16, 2014; Rob Wile, "US Economic Recovery is Smoking Europe's" *Business Insider*, March 11, 2014.

추진했다. 조지 W. 부시 행정부는 2008년 경제진흥법(Economic Stimulus Act)을 제정하고 부실자산구제프로그램(TARP: Troubled Asset Relief Program)을 시행했다. 오바마 행정부는 '미국 경기부양 및 투자법(American Recovery and Reinvestment Act)'과 '도드 프랭크 금융개혁법(Dodd-Frank Wall Street Reform Act)'을 제정해 신속히 시행하는 등 경기 부양을 위해 총 규모 1.5조 달러의 재정 지출을 했다.

둘째, 미국의 연방준비제도(연준)는 연방정부의 적자 재정 정책에 맞춰 제로 금리, 양적 완화(QE: Quantitative Easing), 기간자산담보부증권대출(Term Asset-Backed Securities Loan Facility), 달러화 약세 같은 확장통화 정책을 폈다. CNN은 "'은밀한 경기 부양(stealth stimulus)'으로 3.4달러 규모의 돈이 풀렸다"[9]고 보도했다. 그런데 이 두 개의 요인은 좀 더 설명이 필요하다.

민주당은 확대재정을 기조로 하는 '케인지언(Keynesians)'이다. 루즈벨트 대통령 이래 적자 재정을 경기부양의 기본으로 삼아 왔다. 그러나 공화당은 이런 기조에 찬성하지 않는다. 시장의 원리에 따라야 하며 정부는 개입을 하지 말아야 한다는 입장이다. 따라서 경기 부양을 위해 조지 W. 부시 행정부가 '경제 진흥법' 같은 케인즈식 정책을 편 것은 당의 기조를 벗어난 듯하며 이상해 보인다. 민주당을 따라간 것인가.

그러나 이는 부시 행정부만 유별나게 달라서 그랬던 것은 아니다. 미국의 경기침체 역사를 살펴보면 공화당 대통령들이 오히려 케인즈식 확장 정책을 선택한 경우가 많다.[10]

리처드 닉슨 대통령은 1971년 스태그플레이션(stagflation)이 시작되자 임금과 물가의 가이드 라인을 정하는 통제 정책으로 대응했다. '시장이

---

9. The Stimulus Project, CNN (http://money.cnn.com/news/specials/stimulus).

알아서 해야 하며 개입하면 안된다'는 공화당의 기조를 벗어난 정책이다. 닉슨은 "이제부터 나는 케인지언"이라고까지 말했다. 통제조치는 17개월 뒤 1972년 닉슨이 민주당 후보 조지 맥거번(George McGovern)을 누르고 재선에 성공하고 나서야 해제된다. 제럴드 포드(Gerald Ford) 대통령은 1973년 11월부터 시작된 경기침체에 대응해 1975년 때 10% 세금 환급 조치를 했다. 마찬가지로 '공화당이 꺼려야 하는' 시장 개입이었다. 그러나 이 조치만으론 불황이 극복되지 못했고 백악관의 주인은 민주당의 지미 카터 대통령으로 바뀌었다.

이어 등장한 공화당의 로널드 레이건(Ronald Reagan) 대통령은 '강력한 안티 케인지언'의 대표적 인물이었지만 연방 정부의 지출은 1980년 GDP의 21.7%에서 1983년 23.5%로 상승한다. 경제학자들이 '사실상 호전적인 케인즈식 정책(de facto militaristic Keynesianism)'이라고 부르는 이 정책으로 미국은 침체를 극복하고 활발하게 80년도 하반기를 맞는다. 경기 침체를 케인즈식으로 극복한 '안티 케인지언' 레이건은 1984년 재선에 성공한다. 이번 경제위기 때도 조지 W. 부시 대통령이 '케인즈식 정책인' 세금 환급 조치를 하려 하자 경제학자들과 보좌관들은 반대했지만 부시는 "내 정책이 맞다"며 강행했다.

오바마 대통령이 2012년 재선에 실패하고 공화당의 미트 롬니(Mitt Romney)가 백악관의 주인이 되었다면 어땠을까? 그는 2012년 5월 23일

---

10. Bruce Bartlett, "Republican Keynesians," *The New York Times*, 29 May 2012; "Keynesians to the left of me, Keynesians to the right of me," *The Rachel Maddow Show*, MSNBC, 25 May 2012; Jonathan Chait, "When Conservatives Loved Keynes," *New Republic*, 6 July 2011, "We're All Keynesians Now," *Wall Street Journal*, 18 January 2008; John Cassidy, "Reagan, Bush, and Obama: We are All Still Keynesians," *New Yorker*, 4 June 2012; Paul Krugman, "Reagan was a Keynesian," *The New York Times*, 7 June 2012.

타임지와의 인터뷰에서 "정부 지출을 1조 달러 줄이면 경제 성장은 5% 준다"며 "경제를 침체나 공황으로 몰고 가는 것과 마찬가지다. (내가 당선 되면) 지출을 줄이지 않을 것이다"라고 말한 바 있다. 롬니가 2012년 대선에서 승리해도 전형적 케인지언인 민주당의 오바마 정부와 같은 선택을 했을 것이란 의미다.[11] 공화당 정부라고 케인즈식 정책을 피하지는 않았던 것이 역사적인 현실이다.

마지막 세번째 요인은 '연방체제'다. 미국처럼 큰 나라를 운영하는 데 필요한 조건이기도 하지만 중앙정부가 나서 잘사는 주에서 가난한 주로 자원을 효율적으로 이전하고 위험도 분산할 수 있었기 때문이다.

그러나 유럽은 모든 면에서 달랐다. 브뤼셀은 2008년 세계금융위기 대응책으로 확장적자재정 정책보다 '시장의 자율 기능에 의지하는' 긴축을 선호했고 유럽중앙은행(ECB: European Central Bank)은 기준 금리를 올려 유로 강세 기조를 유지했다.[12] 시간이 지나며 ECB의 통화정책은 바뀌었지만 그리스나 포르투갈, 아일랜드에 이어 스페인과 이탈리아가 부채 위기를 면치 못했고 연합체제를 유지해 온 유럽은 어려운 상황에 처한 회원국들을 효율적으로 돕지 못했다. 결국 유럽은 더블 딥(double dip, 이중 불황 상태)에 빠지게 됐고 아직도 비틀거리고 있다. 유럽과 비교하면 미국의 성공 비결은 결국 '케인지언식' 상호보완적 재정·통화 정책과 연방체제의 조화라고 할 수 있다.

---

11. Mark Halperin. "The Complete Romney Interview Transcript." *Time*. 23 May 2012.
12. Bruno Waterfield. "EU Presidency: US and UK Economic Recovery Plans are 'A Way to Hell'." *The Telegraph*. March 25, 2009; Stefan Theil." Peer Steinbruck on the Global Economic Crisis. "*Newsweek*. December 5, 2008.

2. 경기회복에 성공해도 정치권이 분열되는 이유는

그렇다면 이렇게 성공적으로 경기회복을 이끌어낸 미국의 민주주의는 왜 분열과 내분으로 정치적 위기를 맞았다는 경고를 받는가? 미국의 정치는 경기회복에 어떤 역할을 했는가? 미국의 경기회복과 정치체제의 상호관계를 이해하려면 먼저 경제 성장과 민주주의의 연관성을 생각해 봐야한다.

민주주의가 경제에 미치는 영향에 대해 프리드리히 하이에크(Friedrich Hayek)나 밀턴 프리드먼(Milton Friedman) 같은 경제학자들은 '개인의 정치적 권리의 확장이 경제적 권리를 촉진하고 경제 성장을 유도한다'는 입장을 유지해 왔다.[13] 한걸음 더 나아가 맨서 올슨(Mancur Olson)은 '경제 발전에 필요한 권리 조건들이 민주주의 유지에 필요한 조건과 동일하다'고 주장했다.[14] 핵심은 사유재산권이다. 시장경제가 활기차게 발전하려면 재산권과 채권적 권리가 보장돼야 하는데 이를 충족시키려면 존 로크(John Locke)가 말한 대로 정부 의지가 중요하다.[15] 올슨은 민주주의만이 이러한 의지가 확고하다고 생각했다.[16]

미국의 경기가 회복되는 데에도 민주주의는 작동했다. 정부는 '보이는 손'의 기능을 했지만 과도한 간섭으로 시장을 무력화하지는 않았다. 오히려 정부는 시장의 불완전성(imperfection)과 불완비성(incompleteness)을 체계적인 정책으로 바로잡고 제대로 움직이기 시작하면 시장을 '보이지 않는 손'에 돌려줬다.

---

13. Friedrich Hayek. 1944. *The Road to Serfdom*. Chicago, IL: University of Chicago Press; Milton Friedman. 1962. *Capitalism and Freedom*. Chicago, IL: University of Chicago Press.
14. Mancur Olson. 1993. "Dictatorship, Democracy, and Development." *APSR*. 87(3):567-76.
15. John Locke. 2002. *The Second Treatise of Government and A Letter Concerning Toleration*. New York, NY: Dover Publications.

GM(General Motors)구제 금융이 대표적인 사례다. GM은 미국의 빅3 자동차 기업 중 하나로 국내에 47개 공장과 5,900개 이상의 지점을 두고 9만 명이 넘는 직원을 고용하며 77년간 세계 자동차 판매 1위에 올랐던 기업이다. 하지만 2008년 GM은 금융위기와 고유가로 매출이 45% 급감했고 직원 2만 1,000명을 해고해야 했다. 200억 달러 규모의 구제금융도 받았지만 결국 2009년 6월 파산을 신청했다. 이에 정부는 GM 지분의 61%를 300억 달러에 사들였다. GM은 'Government Motors'라는 조롱도 받았다. 이후 여러 고비를 넘으며 GM의 매출과 영업 이익이 상승하기 시작했고 주가는 2013년 43%나 뛰었다. 주가가 회복되자 정부는 지분을 지속적으로 줄여 2013년 12월 2.2% 지분 매각을 마지막으로 모두 청산했다. 시티 은행, 뱅크 오브 아메리카, AIG 모두 다른 방식으로 비슷한 지원을 받았지만 수익성이 개선된 뒤 정부는 관련 부채를 모두 청산했다.

미국 정부가 경제위기 극복을 위해 선택한 방법과 수단은 시장체제를 맹신하거나 완전히 부인하는 극단적 방식이 아니다. 실용적 접근으로 시장체제의 장단점을 받아들이되 강점을 살리고 약점을 보충하는 것이었다. 개입은 해도 한때에 그칠 뿐 궁극적으론 민주주의의 장점인 '사유재산권 존중'의 틀에서 움직인 것이다.

경제를 성공적으로 회복한 미국 민주주의가 분열과 내분으로 정치적

---

16. 이 주제와 관련해 위와 같은 논리를 입증하는 연구도 많지만 그렇지 못한 연구도 적지 않다. Dani Rodrik. 1997. "Democracy and Development." Unpublished Working Paper. Harvard University; Robert J. Barro. 1998. *Determinants of Economic Growth: A Cross-Country Empirical Study*. Cambridge, MA: The MIT Press; Robert Barro. 1997.Getting it Right: Markets and Choices in a Free Society. Cambridge, MA: The MIT Press; Raaj K. Sah. 1991. "Fallibility in Human Organizations and Political Systems." *Journal of Economic Perspectives*. 5: 67-88. Daron Acemoglu. 2008. "Oligarchic vs. Democratic Societies." *Journal of European Economic Association*. 6(1): 1-44.

위기를 맞는 수수께끼를 푸는데 시모어 마틴 립셋(Seymour Martin Lipset) 과 새뮤얼 헌팅턴(Samuel Huntington) 같은 정치학자들의 '근대화 이론 (Modernization Theory)'이 유용하다.[17] 근대화 이론은 경제성장과 민주화의 관계를 분석한다. 이 맥락의 가장 대표적 연구는 아담 쉐보르스키 (Adam Przeworski)가 140여 개 나라를 대상으로 40년간의 체제변동을 분석한 '민주주의와 발전: 1950~1990년 세계의 정치제도와 '잘살기'(*Democracy and Development: Political Institutions and Well-Being in the World, 1950~1990.*)'이다. 연구의 핵심은 '경제가 민주주의와 권위주의에 각각 달리 작용한다'는 것이다.[18]

쉐보르스키의 분석을 토대로 만든 〈그림 28〉에서 두 가지 패턴을 알 수 있다. 첫째, 권위주의에서 민주주의로 체제가 변동하는 가능성은 선형적 추세를 보이지 않는다. 1인당 소득이 6,001~7,000 달러인 경우 권위주의가 붕괴될 확률이 가장 높지만 소득이 더 높아지면 개연성은 급격히 떨어진다. 둘째, 민주주의 체제에서 경제 상태가 체제 변동에 영향을 줄 수 있는 확률은 낮지 않다. 1인당 소득이 1,000 달러를 넘지 않을 경우 민주주의가 무너질 가능성은 12% 정도다. 반면 권위주의의 경우 1인당 소득 6,001~7,000 달러에서 정권 붕괴와 같은 체제 변동이 발생할 확률이 가장 높지만 그나마 6%선이다.

---

17. Seymour Martin Lipset. 1959. "Some Social Requisites of Democracy." *APSR*. 53:1. 69-105; Seymour Martin Lipset. 1960. *Political Man: The Social Bases of Politics*. Anchor Books: Garden City, New York; Samuel P. Huntington. 1968. *Political Order in Changing Societies*. New Haven, CT: Yale University Press.
18. Adam Przeworski, Michael E. Alvarez, Jose Antonio Cheibub, and Fernando Limongi. 2000. *Democracy and Development: Political Institutions and Well-Being in the World, 1950-1990*. Cambridge University Press: New York, NY; Adam Przeworski and Fernando Limongi.1997. "Modernization: Theories and Facts." *World Politics*. 49(2): 155-83.

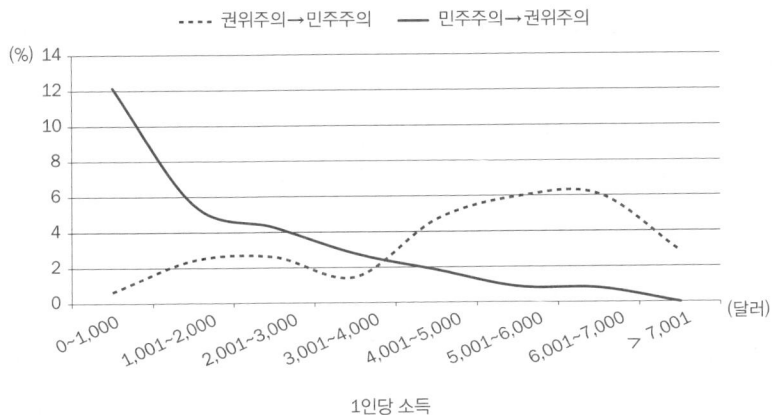

〈그림 28〉 정치체제변동의 개연성

자료: Przeworski, Alvarez, Cheibub & Limongi (2000).

경제가 모든 것을 설명할 순 없지만 '지속적으로 나쁜 경제'는 민주주의를 붕괴로 몰아가는 원인이 될 수 있다는 의미다. 미국에서도 오랜 경기 침체는 정치적 양극화와 분열을 확산시켰고 근본적으로 필요한 개혁을 가로 막는다.

3. 남은 개혁 과제: 세제법·사회보장법·이민법 개혁

미국은 예산 문제 해결이 시급하다. 현재 총 국가부채는 약 18조 달러로 2014년 GDP의 106% 규모다(그림 29). 재정문제로 어려움을 겪는 유럽 국가들과 비슷한 수준이다.

부채 해결을 위해 풀어야 할 중요한 과제는 세제법과 사회 보장법, 이민법 개선이다. 전문가들에 따르면 정부 예산에서 의료와 사회보장연

〈그림 29〉 국가별 부채 비율(2008~2014)

(단위: GDP대비 %)

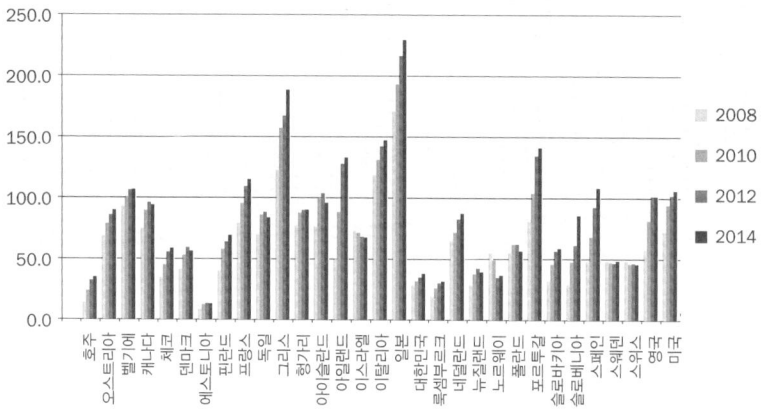

자료: OECD.

금의 비중이 가장 높고 앞으로 더 커진다.[19] 예를 들어 지난 5년간 미국 연방 예산의 총 규모는 줄었으나 예산에서 차지하는 연금과 의료 지출의 비율은 오히려 늘었다(그림 30). 늘어나는 의료 비용뿐 아니라 고령화도 문제다. 아무 조치 없이 현재 지출을 유지하면 부채 문제를 피할 수 없으며 최악의 경우 달러의 신뢰도 상실된다. 정치권이 대안을 마련할 수도 있

---

19. Jonathan Masters. *U.S. Deficits and the National Debt*. Council of Foreign Relations. March 2, 2012; Congressional Budget Office. *The Budget and Economic Outlook: Fiscal Years, 2013 to 2022*. Congress of the United States. January 2013; Committee for a Responsible Federal Budget. *Analysis of CBO's Updated Budget and Economic Forecast*. August 2014; Committee for a Responsible Federal Budget. *CBO's Analysis of the President's FY 2015 Budget*. April 2014.

겠지만 국민의 복지 요구가 높으면 그렇게 하기도 어렵다. 의회 양극화가 심해져 개혁 장벽은 더욱 높아지며 그럴수록 국민 불만은 증폭된다. 그러므로 얼마나 빨리 정치적 타협으로 효율적인 답을 도출해 낼지가 관건이다.

〈그림 30〉 미국 인구와 정부 예산지출

(단위: 백만)

1. 미국 인구 피라미드(1980~2030년)

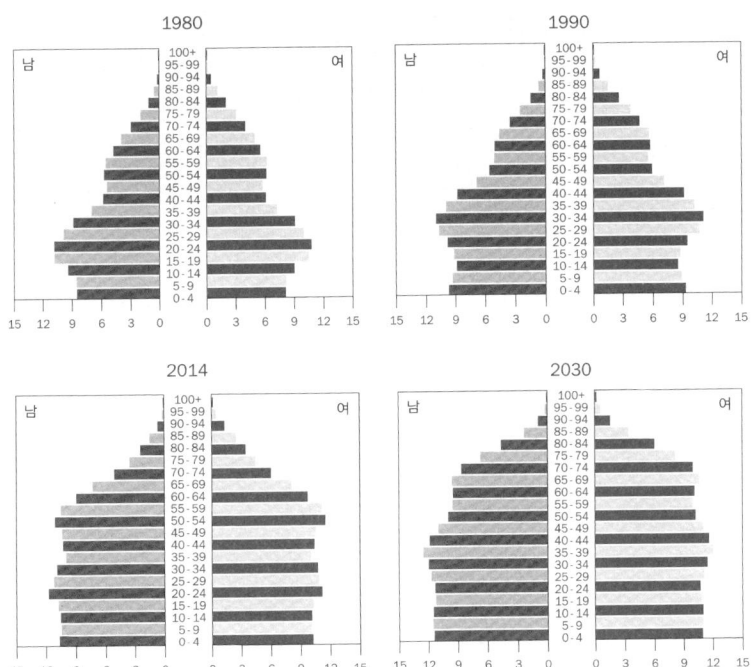

(단위: GDP대비 %)

2. 미국 연방정부 예산지출 (2009~2014)

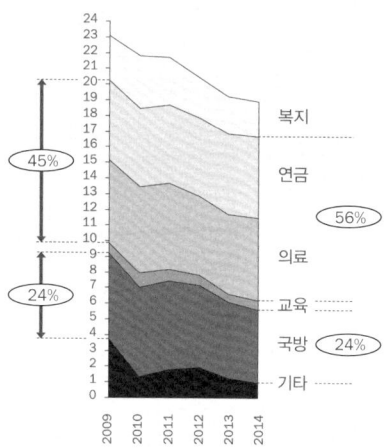

자료: US Census, CBO.

4. 지속 성장과 개혁의 걸림돌이 되고 있는 정치권의 포퓰리즘

컬럼비아 대학의 경제학자 찰스 칼로미리스(Charles Calomiris)는 금융위기와 민주주의의 연관성을 거론하며 "1840년 이후 캐나다는 겪어 보지 못한 금융 위기를 미국은 12차례나 경험했는데 원인은 포퓰리즘과 금융기업의 거래 게임(Game of Bank Bargains)에 있다"고 주장한다.[20]

---

20. Charles W. Calomiris. 2013. "The Political Foundations of Scarce and Unstable Credit." Paper presented at the Federal Reserve Bank of Atlanta 2013 Financial Markets Conference. Atlanta, GA; Charles W. Calomiris and Stephen H. Haber. 2014. *Fragile by Design: The Political Origins of Banking Crises and Scarce Credit*. Princeton University Press: Princeton, NJ.

미국 정부는 경제위기를 극복했지만 국민의 정치권 비판은 그치지 않는데 이는 포퓰리즘 때문이다. 이번 위기에도 포퓰리즘이 작용했다. 정치권은 '낮은 금리와 손쉬운 대출로 내 집을 마련할 수 있다'며 국민의 American Dream을 자극해 미국을 대공황 이후 최악의 경제위기로 몰아 갔다. 경제에 악영향을 미칠 수 있는 낮은 금리를 '대중이 좋아한다'는 포퓰리즘적 구실을 대며 정부와 정치권이 '함께' 방치했다.

이번 위기의 원인을 제공한 대형 금융 기업들은 '대마불사(Too Big to Fail)' 행태를 보이며 주택저당증권(mortgage backed securities)이라는 위험한 투기를 감행했는데 그 뿌리도 포퓰리즘에 닿아 있다.

많은 대형 금융 기업들은 1990년대에 여러 인수와 합병을 통해 형성되었는데 이 과정은 지미 카터 행정부 시절 제정된 지역재투자법(CRA: Community Reinvestment Act of 1977)의 규제를 받았다. CRA는 특히 금융회사가 지역과 소득을 차별하지 않고 서비스를 하도록 했다. 1992년 클린턴 행정부 때는 은행이 인수 합병을 할 경우 연방인준위원회가 은행이 CRA의 차별 철폐 기준을 지켰는지 검사하고 이를 인허가 요건으로 적용하도록 했다. 기준엔 '은행의 사회적 기여'가 포함됐는데 좌파 시민단체들과 불협화음을 일으킨 일만 없으면 대개 점수를 받았다. 불협화음을 없애는 과정에서 금융기관과 시민단체의 '정치적 관계'가 형성됐다. 은행이 '좌파'라는 정치적 요소를 의식하게 만든 부분이 바로 '대중영합적 포퓰리즘'이 스며든 환부이다. 게다가 은행들은 큰 투자를 해도 손해가 나면 정부가 구제해 줄 것이란 믿음이 있었다. 이런 요소가 '대마불사' 행태와 '금융시장의 도덕적 해이'가 초래된 원인이 됐다.

2011년 제정된 '도드 프랑크 금융개혁법'은 이 같은 정경 유착을 막기 위해 금융계에 규제를 도입하고 구조적인 변화도 요구한다.

그러나 위에서 말한 것처럼 미국 정부는 심각한 재정 문제를 안고 있다. 미국을 반복적으로 궁지에 몰아넣는 포퓰리즘과 정치적 양극화는 세제와 사회보장법 개혁에 치명적 걸림돌이 될 수 있다. 미국은 어떤 해법을 제시할 수 있을까?

제3부 | 미국의 '펀더멘털'

6장. 하이테크 다시 장악한 미국
오정근, 모종린

7장. 미국 경제의 최고 자산-인구와 이민
모종린

8장. 혁신 이끄는 엔진-명문대
고명현

9장. '미국판' 경제·군사 병진 정책
최강

제3부
6장. 하이테크 다시 장악한 미국

오정근
건국대학교 특임교수, 한국경제연구원 초빙연구위원

모종린
연세대학교 국제학대학원 교수, 아산정책연구원 선임연구위원

미국의 경제가 부활하면서 미국의 세계 시장 지배력도 강화되고 있다. 미국 기업의 연구개발 투자 규모가 이를 잘 보여준다. '부즈앤컴퍼니'의 2015년 자료에 따르면 2014년 '세계 연구개발비 최상위 20개 기업' 중 11개가 미국 기업이었다. 그 중 IT 기업이 6개(인텔, 마이크로소프트, 구글, 아마존, 시스코, IBM), 제약 회사가 3개(존슨앤존슨, 머크, 화이자), 자동차 기업이 2개(GM, 포드)다. 금융위기가 발생한 2008년 개발비 상위 20개에 속한 미국 기업은 8개에 불과했다.

미국 기업의 시장 지배력은 확대될 것이다. 미래 시장 경쟁력을 결정하는 플랫폼 시장에서 애플, 구글, 페이스북 등 미국 기업이 거의 독점적 지위에 있을 뿐 아니라 제조, 유통, 소비 시장의 헤게모니도 쥐고 있기 때문이다.

그렇다면 미국 쇠퇴설은 어디에서 온 것인가? 단순히 규모만 보면 미국 경제는 축소되고 있다. 2004년 20.1%였던 미국의 세계 GDP 점유율은 2014년 16.3%로 떨어졌다.[1] 중국을 비롯한 브릭스(BRICS)국가가 부상하면서 미국과 선진국의 비중이 자연스럽게 감소했기 때문이다. 발전 수

6장 하이테크 다시 장악한 미국

〈표 13〉 연구개발비 투자 상위 20개 기업

	2008	2009	2010	2011	2012	2013	2014
1	토요타	토요타	로슈	로슈	폭스바겐	폭스바겐	폭스바겐
2	GM	노키아	마이크로소프트	화이자	토요타	삼성	삼성
3	화이자	로슈	노키아	폭스바겐	노바티스	로슈	인텔
4	노키아	마이크로소프트	화이자	노바티스	로슈	인텔	마이크로소프트
5	존슨앤존슨	GM	토요타	마이크로소프트	화이자	마이크로소프트	로슈
6	포드	화이자	폭스바겐	머크	마이크로소프트	토요타	노바티스
7	폭스바겐	존슨앤존슨	노바티스	토요타	삼성	노바티스	토요타
8	마이크로소프트	폭스바겐	존슨앤존슨	삼성	머크	머크	존슨앤존슨
9	로슈	포드	보잉	노키아	인텔	화이자	구글
10	글락소 스미스클라인	노바티스	글락소 스미스클라인	GM	GM	존슨앤존슨	머크
11	삼성	글락소 스미스클라인	사노피	글락소 스미스클라인	노키아	GM	GM
12	노바티스	사노피	삼성	존슨앤존슨	존슨앤존슨	구글	다임러
13	사노피	삼성	머크	인텔	다임러	혼다	화이자
14	IBM	IBM	IBM	파나소닉	사노피	다임러	아마존
15	인텔	인텔	인텔	IBM	파나소닉	사노피	포드
16	아스트라제네카	지멘스	지멘스	사노피	혼다	IBM	혼다
17	혼다	혼다	시스코	혼다	글락소 스미스클라인	글락소 스미스클라인	사노피
18	보쉬	아스트라제네카	파나소닉	다임러	IBM	노키아	IBM
19	머크	시스코	혼다	아스트라제네카	시스코	파나소닉	글락소 스미스클라인
20	마츠시타	파나소닉	다임러	시스코	아스트라제네카	소니	시스코
미국기업 계	8	8	8	8	8	8	11

자료 : 부즈앤컴퍼니(Booz & Co.).

준이 낮은 신흥국은 선진국에 비해 구조적으로 빠르게 성장한다. 세계 GDP에서 신흥국 비중은 1990년 20.2%에서 2015년 40.1%로 늘어날 전망이다.

2008년 글로벌 금융위기도 미국 쇠퇴설에 일조했다. 금융 시스템의 붕괴로 미국 경제가 수년간 저성장의 늪에서 벗어나지 못했고 그로 인해 자동차처럼 국내 소비에 의존하는 산업이 파산 지경에 이르렀다. 그러나 미국에서 금융위기와 기업 경쟁력은 큰 관련이 없었다. 금융위기는 기업 경쟁력과 무관한 주택시장의 버블에서 시작했고, 대부분의 기업 특히 하이테크 분야의 기업들은 금융위기 초반의 불경기를 견뎌낸 후 기존 경쟁력을 바탕으로 위기 전의 매출을 회복할 수 있었다. 글로벌 금융위기가 기업 경쟁력에 큰 영향을 끼치지 않았기 때문에 미국 하이테크 산업이 경쟁력을 유지하는 것은 놀랄 일이 아닐지 모른다.

1. 실리콘밸리는 인재·자본·기술이 모이는 혁신 생태계

미국 하이테크 산업의 경쟁력은 애플, 구글, 페이스북 등 대표적인 기업을 배출한 실리콘밸리에서 찾아야 한다. 실리콘밸리의 경쟁력이 곧 미국 하이테크 산업의 경쟁력이다.

실리콘밸리는 북 캘리포니아 주 팰로앨토를 중심으로 형성된 혁신 생태계다. 인재·자본·기술이 한 곳에 모인 이 생태계에서는 끊임없이 새로운 기술이 개발되고 벤처기업이 탄생한다. 한국의 산업·연구단지와는 본질적으로 다른 유형의 산업 집적지다. 구글의 전 최고 경영자 에릭 슈밋(Eric Schmidt)은 혁신을 '새롭고 놀라우며 대단히 유용한 것'으로 정의

---

1. IMF, World Economic Outlook Database, October.

했다. 세계경제포럼은 2014년 발간한 '세계 경쟁력 보고서'에서 미국의 경쟁력을 세계 3위로 평가했는데 혁신 능력은 2위다. 하버드대 리처드 쿠퍼(Richard Cooper)교수도 미국경제의 강점은 혁신 능력과 위기로부터의 복원력, 그리고 적응력이라고 분석했다.

오랜 역사를 통해 다져진 혁신 생태계는 혁신가와 창업가에 다양한 인센티브를 제공한다. 시장은 '초기 기술로 만든 제품이 팔리고 성장할 수 있게' 안전망을 제공하며 국가는 창업과 혁신을 지원하는 파산법, 특허법, 조세 제도들로 이들을 지원한다.

실리콘밸리의 경쟁력은 〈표 14〉의 벤처캐피털 투자 규모가 잘 보여준다. 투자액은 2009년 이후 꾸준히 상승해 2014년에는 '2000년 닷 컴(2000년의 정보기술 버블)' 이후 최고의 기록을 세웠다. 2009년 81억 달러에 불

〈표 14〉 2001~2014년 실리콘밸리 벤처캐피털 투자액

(단위: 십억 달러)

연도	연 총액	연도	연 총액
2000	33.3	2008	11.3
2001	12.5	2009	8.1
2002	7.2	2010	9.3
2003	6.6	2011	12.0
2004	7.8	2012	11.0
2005	7.9	2013	12.2
2006	9.6	2014	16.8[a]
2007	11.4		

자료: PwC/NVCA, MoneyTreeTM Report.
주: a) 2014년도 3분기까지의 총액.

과했던 투자액은 2013년 122억 달러로 늘었고 첫 3분기 총실적이 168억 달러였음에 비추어 2014년의 총 투자액은 200억 달러 달성이 무난해 보인다.

실리콘밸리에는 첨단벤처회사, 창의성·전문성·열정을 품은 인재, 자금이 전 세계에서 몰려오는 선순환 체계가 형성돼 있으며, 평균 연봉 15만 달러인 고임금 첨단 기술 일자리도 40만 개나 있다.

2. 실리콘밸리의 진짜 힘은 기업가 정신과 기업 문화

혁신 생태계의 중요성을 인식한 미국의 경쟁국들은 자국 내에 '실리콘밸리'를 만들려고 노력한다. '실리콘밸리'를 인위적으로 만들 수 있을까? 그럴 수 있다. 혁신 생태계에 필요한 기술, 자본, 인재를 한 곳에 모으면 될 수 있어 보인다. 문제는 기술·자본·인재의 상호 작용이다. 세 요소가 한 곳에 모인다고 경제 성장을 주도할 기술과 기업이 저절로 만들어지지는 않는다. 정부가 주도해 만든 혁신 생태계가 성공한 사례를 거의 찾기 어렵다는 연구 결과도 있다.[2] 그렇다면 실리콘밸리를 만든 힘은 무엇인가? 많은 사람들은 실리콘밸리의 고유한 문화를 꼽는다.

1) 격식 없는 비즈니스 문화

실리콘밸리의 기업들은 격식 없고 자유로운 업무 환경에서 창의성이 발휘된다고 역설한다. '일하면서 놀고, 놀면서 일하는' 새로운 일 문화를 선도한다. 생각이 교환되는 '아이디어 마켓'을 통해 직원들의 신선한 아이

---

2. Lerner, Josh. 2009. *Boulevard of Broken Dreams: Why Public Efforts to Boost Entrepreneurship and Venture Capital Have Failed and What to Do about It*. Princeton, NY: Princeton University Press.

디어를 수용하고, 직원 복지를 위해 각종 편의 시설을 갖추며, 탈권위적인 분위기를 만든다. "이건 안돼"는 금기어다. 한번 그런 말을 들으면 새로운 제안은 나타나지 않기 때문이다.

구글이 대표적인 실리콘밸리 기업이다. 혁신적인 시설과 시스템이 구글을 '꿈의 기업'으로 만들었다. 구글은 아이디어 마켓을 통해 '20%/80% 프로젝트'를 운영한다. 이 프로젝트는 직원들이 하루 근무시간의 20%인 1시간 30분 동안 자기 업무를 중단하고 하고 싶은 일을 '반드시' 하도록 권하는 파격적인 제도다. 그 시간에 직원은 20%/80% 프로젝트에 올릴 사업을 구상할 수 있으며, 사업성이 있다고 평가받으면 회사의 공식 프로젝트 리스트에 오른다. 매주 금요일에는 '금요 자유토론(TGIF: Thanks God It's Friday)'이 개최된다. 최고 경영자부터 일반 사원까지 편한 옷을 입고 즐겁게 식사하며 자유토론을 벌인다. GE는 전사적으로 활발한 소통을 권장하는 '워크아웃'제도를 운영한다. 사내 아이디어를 모아서 자유롭게 토론하게 한 뒤 인기 순위를 정해 점수가 낮은 것은 폐기하고 높은 것은 상품화하는 방식이다. 이런 시스템은 직원이 창의성을 십분 발휘하고 새로운 사업 아이템을 개발할 수 있는 기회를 제공한다.

2) 수평 조직과 수평 문화

'피자 두 판을 나눠 먹을 수 있는 7명 내외'
구글이 적당하다고 생각하는 팀의 규모다. 여기엔 직급이나 직위 같은 수직 구조가 없다. 재직기간주의(tenurocracy)도 통하지 않는다. 실력과 아이디어를 중심으로 수평으로 움직인다. 누군가 아이디어를 제기하면 '첫 동조자(first follower)'가 나오며 이어 망설이던 여럿이 용기를 내 합류하는 방식으로 팀이 만들어진다. 프로젝트를 중심으로 아이디어맨이 팀장이 되고 나머지는 팀원이 되는 자율경영팀(selfmanaged team)이다.

프로젝트가 끝나면 팀은 종료된다. 프로젝트에 따라 '헤쳐 모여'를 반복해 조직은 역동적으로 살아 움직인다. 실리콘밸리 기업의 조직이 거의 다 그렇다.

프로젝트 중심으로 설계된 수평 조직은 업무 효율성을 높인다. 팀장에게 권한이 위임되고 팀장은 바로 최고경영자에게 보고해 의사결정이 신속해진다. 문제가 발생하면 다양한 해결책이 나오고 팀원들은 눈치 안 보고 자유롭게 의견을 개진한다. 때로는 프로젝트의 실패를 막기 위해 반대할 수 있는 권한도 팀원에게 주어진다. 팀장은 지휘가 아니라 창의적인 대화로 리드하는 역할을 한다.

3) 비판과 도전과 혁신을 중시하는 문화

- 내가 지금 있는 곳이 세계의 어느 지점인지를 알려주고 목표지점을 가이드 해주는 '구글 지도'
- 카메라와 인터넷과 안경을 결합한 '구글 안경'
- 알아서 척척 가는 '구글 무인 자동차'

안경, 지도, 자동차 같은 아날로그 시대의 제품에 디지털의 혼을 불어넣고 차원을 달리해 만든 기발한 상품들. 이름에서 드러나듯 검색 기업 구글의 창작물이다. 평범한 사고를 뛰어넘는 상품으로 기존 시장을 순식간에 개편하는 새로운 비즈니스 모델에는 이단 정신이 반영돼 있다. 이단 정신과 대항 문화는 실리콘밸리 특유의 문화다. 기존의 사고와 시스템을 비판하고 새로운 도전을 통한 혁신을 추구한다.

실패한 경험도 이들에겐 아이디어의 보고다. 실패는 비판과 도전의 밑거름이 된다고 보기 때문이다. 실리콘밸리의 기업들은 실패한 사람들을 고용하거나 실패한 기업을 인수합병하는 일도 마다하지 않는다. 아무 도전도 하지 않는 것보다 일단 해봤다는 점을 높이 사며 실패를 통해 무엇이 문제였는지를 아는 것이 중요하다고 여긴다.

4) 산학협력 문화

실리콘밸리 성장에는 스탠퍼드 대학을 중심으로 한 산학협력 문화가 중추적인 역할을 했다. 이 대학은 실리콘밸리의 발전에 주도적 역할을 해왔다. 스탠퍼드 대학의 프레드 터먼 교수는 1930년대부터 지역 인재가 외부로 유출되는 것을 막기 위해 지역 기업을 육성했다. 터먼 교수의 구상과 리더십으로 시작된 실리콘밸리는 개척적이고 격식 없는 캘리포니아 문화와 자유로운 대학 문화가 융합돼 독특한 생산 문화를 구축했다.

5) 창의적인 전문가를 중시하는 인력개발 문화

실리콘밸리는 '창의적 전문가'를 좋아한다. 창의적 전문가(smart creative)란 자신의 임무, 비전, 전략에 대한 이해를 바탕으로, 전문성과 창의성, 열정이 있는 사람을 말한다. 이들은 끊임없이 질문하고 배우며 새로움을 추구하는 프로들이다. 적당한 지식을 바탕으로 관리직으로 근무하는 일반적인 지식근로자(knowledge worker)와는 다른 개념이다.

실리콘밸리의 이런 분위기는 '다양하고 역동적인 전문가'를 중시하는 미국 인력 시장의 분위기와 맥을 같이 한다.

매년 여름 하버드와 MIT가 있는 보스톤에서는 미국 국립경제연구소(NBER: National Bureau of Economic Research)가 주최하는 하계 세미나가 두 달간 열린다. 미국 전역에서 수많은 전문가들이 모여 다양한 주제를 발표하며 갑론을박 열띤 토론을 벌인다. 카네기 멜론 대학과 로체스터 대학은 매년 2~3일씩 합동으로 공공정책 컨퍼런스를 연다. 노벨경제학 수

상자부터 팔순의 노학자, 신진 박사가 함께 모여 토론한다. 이런 자리에선 누가 해당 분야의 최고 전문가인지를 쉽게 알 수 있다.

버냉키 전 연방준비제도 의장, 재닛 옐런 현 연준의장은 모두 국립경제연구소 하계 세미나 고정 멤버였으며, 앨런 그린스펀 전 연준의장은 월가에서 직접 경제자문기관을 설립해 운영했던 유명한 경제 예측 전문가였다. 민간 부문에서 최고의 실력을 인정받은 전문가들이 중요한 공직을 맡는 경우가 많다. 미국의 다양하고 역동적인 전문가 시장은 적재적소에 필요한 인재를 잘 뽑고 잘 배치해 업무 효율을 높이는 데 기여한다.

실리콘밸리에선 해당 분야 전문가 4~5명으로 구성된 채용위원회가 면접을 통해 인재를 뽑는다. 면접은 구체적인 데이터를 중심으로 진행된다. 지원자가 조직과 업무를 얼마나 잘 이해하는지 면접관에게 상세한 근거를 제시해야 한다. 면접관은 성공했으면 왜 성공했는지, 실패했으면 왜 실패했고 극복했는지, 어떻게 극복했는지, 비슷한 일이 벌어지면 어떻게 할지를 꼬치꼬치 묻는다. 실패한 경험도 높이 사기 때문에 실리콘밸리 청년들은 두려움 없이 창업 열풍을 일으킬 수 있다. 그래서 인도, 중국 등 전 세계의 우수한 청년들이 노트북만 들고 실리콘밸리의 창업 전선에 주저 없이 뛰어든다. 면접관도 사전 교육을 받는다. '똑똑하고 야무지게 일을 잘한다'는 일반적이며 추상적인 기준으로 채용하는 것을 방지하기 위해서다. 기존 직원들의 보직이나 승진 인사도 마찬가지다. 개방형 위원회가 후보를 면접해 대상을 선정한다.

6) 학습 문화

구글이나 시스코 직원은 회사를 '구글 캠퍼스', '시스코 캠퍼스'라고 부른다. 회사도 대학처럼 연구하고 학습하는 조직이어야 한다는 뜻이 담겼다. 뜨거운 열정을 품고 끊임없이 배우기를 즐기는 창의적 전문가를 영입했으면 그렇게 일할 수 있는 여건을 만들어 줘야 한다는 게 회사의 기조다. 학습 결과는 혁신 상품 생산과 직결된다.

실리콘밸리의 정보통신기술회사에는 '자유로운 환경을 제공하고 필요한 지원을 하면 창의적 전문가들은 스스로 학습한다'는 믿음이 깔려 있다. 1980년대에 학습 조직 이론을 주장한 메사추세츠 공대의 피터 센게(Peter Michael Senge) 교수는 "어린이에게 배우는 능력이 부족하면 아이의 불행에만 머물지만 조직의 경우에는 치명적이다. 학습 능력이 부족한 기업은 인간으로 치면 나이 40이 되기 전에 대부분 사라진다"며 "오늘날 기업 경쟁력은 지식의 창출과 활용에 좌우된다. 지속적으로 학습할 수 있는 인프라를 구축할 수 있는지가 기업 성패의 관건이다"라고 주장한다.

3. 시애틀, 오스틴, 뉴욕도 제2, 제3의 실리콘밸리로 뜬다.

실리콘밸리만이 지역 대학, 지역 정부, 개방적인 지역 문화가 결합돼 혁신 생태계가 조성된 유일한 도시는 아니다. 보스턴, 노스캐롤라이나 주의 리서치트라이앵글 파크(롤리 시의 노스캐롤라이나 주립대학, 더럼 시의 듀크 대학, 채플힐 시의 노스캐롤라이나 대학을 연결한 연구단지) 등 실리콘밸리와 오래 경쟁했던 하이테크 중심지 외에도 2000년 대 이후 시애틀, 오스틴, 뉴욕 등이 새로운 혁신 생태계로 부상했다.

그 중 시애틀의 성장이 주목할 만하다. 2000~2010년 시애틀은 미국에서 IT 일자리를 가장 많이 창출한 도시였다.[3] 마이크로소프트(MS), 아마존, 보잉처럼 시애틀에서 창업하거나 시애틀로 이전한 기업이 늘면서

---

3. 전자신문, "시애틀, 제2의 실리콘밸리 되나." 2012년 5월 21일.

시애틀은 새로운 하이테크 산업 클러스터를 형성했고 미국 IT성장을 견인하고 있다. 미국 온라인 정보분석기관인 페이스케일(PayScale)은 시애틀을 샌프란시스코와 오스틴 다음으로 '미국에서 IT 창업하기 좋은 도시'로 선정했다.

최근 '실리콘밸리의 세금과 규제가 늘어난다'며 기업인들이 찾는 도시가 텍사스 주 오스틴이다. 텍사스 주에는 주(州) 소득세가 없고 기업 규제도 적어 대표적인 비즈니스 프렌들리 지역으로 꼽힌다. 텍사스의 친기업 환경과 풍부한 인력이 오스틴 경쟁력의 배경이다.

오스틴이 새로운 중심으로 떠오르는 데는 주 정부의 정책과 인프라뿐 아니라 대학과 민간 지도자도 중요한 역할을 했다. 텍사스 대학 경영대학장이자 기업가인 조지 코즈민스키는 주정부와 대학을 설득, 정부-민간 연구 컨소시엄인 '아이씨 스퀘어(IC^2)'를 설립해 지역 산업의 경쟁력을 높임으로써 오스틴을 하이테크 허브로 만드는 데 기여했다.

미국의 금융, 미디어, 문화 산업의 중심지인 뉴욕도 새로운 벤처 창업 중심지로 변신하는 중이다. 2013년 뉴욕 시에서는 1천 개가 넘는 벤처 기업이 활동했다.[4] 뉴욕의 창업 생태계는 풍부한 자금, 우수한 인력, 민관 협력 등을 바탕으로 계속 성장할 것으로 전망된다.

2008년 글로벌 금융위기 이후 뉴욕 경제의 다변화를 추진한 시 정부는 IT산업 생태계 구축을 위해 새로운 산학협력 시스템을 만들었다. 시는 루즈벨트 아일랜드 지역에 창업 중심이 될 대학 캠퍼스 부지를 조성하고 참여 대학을 공모했다. 선정된 미국의 코넬 대학과 이스라엘의 테크니온 공대는 뉴욕 혁신 생태계에서 실리콘밸리의 스탠퍼드 대학의 역할을 수

---

4. 연합뉴스. "뉴욕시 벤처 창업 중심지로 급부상." 2013년 7월 1일.

행할 것으로 기대된다.

  지역 혁신 생태계는 미국의 경쟁력을 키우고 경제 성장을 이끄는 자산이다. 다른 나라가 쉽게 모방할 수 없는 혁신 생태계는 앞으로도 미국 하이테크 산업을 지탱하는 원동력으로 작용할 것이다.

제3부

7장. 미국 경제의 최고 자산 - 인구와 이민

모종린
연세대학교 국제학대학원 교수, 아산정책연구원 선임연구위원

"세계 모든 나라의 이민자를 기꺼이 환영했던 우리의 200여 년 전통은 미국에 더할 나위 없이 많은 혜택을 주었습니다. 이 전통은 우리를 젊고 활기차게 만들었으며, 기업가 정신으로 충만하게 했습니다. 우리는 무한한 가능성을 품고, 과거에 매이지 않으며, 스스로의 선택으로 거듭날 수 있었습니다. 그러나 지금 미국의 이민 제도는 붕괴됐습니다. 우리 모두 그런 사실을 잘 알고 있습니다."

버락 오바마 미국 대통령이 2014년 11월 20일 이민개혁 행정명령(이민개혁안)을 발표하며 한 연설의 첫 머리다. 연방 이민국(USCIS)은 이 조치를 통해 '불법 혹은 어중간한 상태에 있는' 550만 명 체류자들이 개혁안의 혜택을 받아 합법적인 취업을 할 수 있을 것으로 추산했다. 미국에선 왜 대통령이 반대를 무릅써가며 불법 체류자들에게 혜택을 제공하려 하는가. 이들의 합법적 경제활동으로 연 100억 달러 이상 세수가 늘어나고, 기업은 합법적 이민자 고용으로 인력난을 덜 수 있다는 정도의 이익 때문만은 아니다. 미국의 이민정신 때문이다.

1. 미국의 젊은 인구 구조와 지속적인 외국 인재 유입

에너지, 인구, 대학 등 미국은 많은 자산을 보유한 국가다. 그 중 다른 선진국이 가장 부러워하는 미국의 자원은 인구다. 인구 3억의 미국은 선진국 중 가장 인구가 많다. 2위 일본의 인구는 1억2천만 명이다. 미국은 인구 규모는 물론 인구 구조도 탄탄한 나라다. 세계 각국의 젊고 유능한 이민자를 끌어들여 경제와 사회의 활력을 유지하는 '늙지 않는 유일한 강대국'이다. 2014년 미국인의 평균 연령은 37.6세로 일본과 독일이 46.1세, 프랑스가 40.9세인 점을 감안하면 젊은 나라임을 알 수 있다.[1]

미국의 젊음에는 이민이 크게 기여한다. 2007년 이후 미국은 연평균 100만 명의 이민자를 받아들였다. 미국 다음으로 이민에 우호적인 영국과 독일로 유입되는 이민자가 연평균 30만 명이다. 오바마 대통령의 이민개혁안에 따라 영주권 발급이 2배 이상 확대되면 이민자는 더 늘 수 있다.

미국은 앞으로도 인구 경쟁력을 유지한다. 미국 통계국(US Census Bureau)은 미국 인구가 2014년 3억 1,900만 명에서 2060년 4억 1,700만 명으로 증가할 것으로 전망한다.[2] 통계국에 따르면 미국 인구가 4억을 돌파하는 해는 2051년이다. 2060년까지는 9,810만 명이 늘어날 것으로 자신한다.

통계국은 2060년 인구 예측을 하면서 그때까지 신생아가 1억 9,660명, 이민자가 6,410만 명 늘 것으로 가정했다. 신생아와 이민자를 합한 인구에 그 사이 사망할 것으로 예측되는 1억 6,260만 명을 뺀 숫자가 순수 인

---

1. 한국경제신문, "혁신 USA…인재-자금 끌어들이는 소프트파워로 '원톱' 질주," 2014년 12월 24일.
2. Colby, Sandra L. and Jennifer M. Ortman. *Projections of the Size and Composition of the U.S. Population*, U.S. Census Bureau, March 2015.

구 증가분 9,810만 명이다. 미국 정부는 미래 인구를 전망하면서 연 100만 명 이상의 이민자의 유입을 가정한다.

인구 전망을 출생지에 따라 분석하면 이민자의 중요성은 더욱 명확해진다. 2014년 미국의 내국인(native) 인구는 2억 7,600만 명이며 2014년과 2060년 사이 내국인 인구는 6,200만 명, 즉 22% 증가하여 2060년에는 총 3억 3,900만 명이 된다. 동시에 이민자(foreign born) 인구는 4,200만 명에서 7,800만 명으로 늘어 순수 증가 인구는 3,600만 명, 증가율은 85%에 달한다. 이민자의 증가율이 내국인 증가율을 상회하기 때문에 총 인구에서 차지하는 이민자 비중은 점점 높아질 것이며 2060년에는 19%가 된다. 2014년 미국 인구의 이민자 비율은 13% 수준이다.

미국은 다양한 분야의 인재를 이민의 형태로 받아들이는데 특히 고숙련 전문인력이 적극적인 유치 대상이다. 오바마 대통령의 이민개혁안은 고숙련 근로자와 STEM(과학·기술·공학·수학) 전공자 그리고 기업인에 대한 비자 발급도 대폭 확대한다. STEM 전공자들의 OPT(졸업 후 실습)도 확대해 연 1,000~3,500명의 이 분야 전공자들이 취업 허가를 받을 수 있다. 언론에 따르면 미국은 2011~2018년 사이에 대졸 인력 300만 명이 부족하지만 이민개혁안에 따라 인력난은 나름 완화될 전망이다. 첨단 분야에서 고급 외국인 인력 1명이 고용될 때마다 미국인 3~4명이 추가 고용되는 효과가 발생한다는 분석도 있다. 2010년 미국은 전 세계 전문인력 이민자 중 27%를 받아들였다. STEM 분야의 이민자는 37%에 달했다.[3] 개혁안은 창업 이민 기회도 확대한다. 자본을 미국으로 들여와 창업하는 연 3,000~5,000명의 외국인은 창업영주권을 받을 수 있다. CNN

---

3. 중앙일보, "고학력 전문인력 미국행 해마다 감소," 2014년 11월 26일.
4. 한국경제신문, "혁신 USA…인재·자금 끌어들이는 소프트파워로 '원톱' 질주," 2014년 12월 24일.

은 "해외 고숙련 노동자의 유입이 증가해 실리콘밸리 등을 중심으로 창업과 투자붐이 일 것"이라고 분석했다.[4]

미국은 또 H-1B 등 개방적인 전문직 비자 제도를 통해 유학생 등 다양한 외국 인재들이 전문 인력으로 남도록 독려한다. 2008년 금융위기의 여파로 주춤했던 신규 H-1B 발급자의 수는 2009년 10만 명에서 2013년 15만 명으로 늘었다. 다른 선진국들도 외국인 전문 인력을 적극 유치하지만 미국을 따라오진 못한다.[5]

유입된 외국 인재들은 미국의 특정 지역에서 산업 경쟁력을 높이는 데 주도적 역할을 한다. 실리콘밸리가 그 예다. 2011년 실리콘밸리의 외국인 비중은 전체 인력의 47%, 이공계 인력의 64%였다. 미국 전체에서 외국인의 비율이 17%, 이공계 분야에선 26%인 점과 비교하면 실리콘밸리의 외국인 비율은 다른 지역보다 상당히 높다. 실리콘밸리의 이민자 비율은 금융위기가 발생한 2008년 이후 증가하는 추세이며, 이공계의 외국인 비율도 2008년 60%에서 2011년 64%로 증가했다.[6]

미국 대학은 세계 인재를 '빨아 들이는' 중요한 통로다. 중국, 인도, 한국 인재가 가장 많이 유학 가는 나라가 미국이며 주요 선진국 중 외국인 유학생이 가장 많은 나라도 미국이다. 2010년 기준, 미국에 등록된 외국인 유학생은 72만 명인데 영국의 유학생은 48만 명, 프랑스 28만 명, 독일 25만 명, 호주 24만 명이다. 72만 명 미국 유학생 중 21.8%인 15만7천여 명이 중국인이고, 인도와 한국인이 각각 10만여 명, 7만여 명으로 뒤를 잇는다.[7]

---

5. 모종린, *이민강국*, 한국학술정보, 2013.
6. Joint Venture Silicon Valley Network, Silicon Valley Index 2013.
7. Institute of International Education, Project Atlas.

미국은 싱가포르, 캐나다와 더불어 가장 이민 가고 싶은 나라로 꼽힌다. 여론조사 전문기관인 미국 갤럽의 조사에 따르면 전 세계 성인의 13%가 자기 나라를 떠나고 싶다고 했는데 이 중 23%가 미국 이민을 원했다.[8]

이민자의 높은 출산율도 '미국 젊게 만들기'에 기여한다. 미국의 출산율은 상대적으로 높다. 2012년 1.88명으로 첨단산업 분야의 최대 경쟁국인 독일(1.38명)과 일본(1.41명)을 상회한다. 한국의 출산율은 1.30명으로 OECD 국가 중 가장 낮다. 미국의 출산율이 높은 이유는 출산율이 높은 이민자와 기독교 신자가 많기 때문이다(표 15).

미국과 달리 다른 선진국은 저출산과 고령화 문제에 뾰족한 해결책을 찾지 못하고 있다. OECD 국가 중 출산율이 가장 낮은 한국은 고령화도 세계에서 가장 급속하게 진행된다. 정부 통계에 따르면 한국 인구는 2010년 4,890만 명에서 2040년 4,640만 명으로 약 250만 명 감소한다.

〈표 15〉 주요국 출산율 추이(2008~2012)

(단위: 명)

	2008	2009	2010	2011	2012
네덜란드	1.77	1.79	1.8	1.76	1.72
독일	1.38	1.36	1.39	1.36	1.38
미국	2.07	2	1.93	1.89	1.88
스웨덴	1.91	1.94	1.98	1.9	1.91
영국	1.96	1.9	1.93	1.91	1.92
일본	1.37	1.37	1.39	1.39	1.41
프랑스	1.99	1.99	2.02	2	2
한국	1.19	1.15	1.23	1.24	1.3

자료: https://data.oecd.org/pop/fertility-rates.htm#indicator-chart.

---

8. Gallup, "150 Million Adults Worldwide Would Migrate to the US," 2012년 4월 20일.

고령화에 따른 노동인구 감소는 경제 규모의 축소를 의미하며 더 심각한 문제는 복지 비용이 늘어나는 데 있다. 지금 추세가 계속되면 세수는 줄고 세금은 늘어나는 고비용 경제구조가 불가피하다. 현재 우리나라에서는 연금 지원 대상자 한 명을 노동인력 6.2명의 세금으로 지원하는데, 2050년에는 그 수가 1.7명으로 줄 것으로 예측된다. 고령화 사회가 되면 인구의 다수가 연금에 의존하며 사는데 이를 지원할 노동 인력은 도리어 줄어 노동인구가 내야 할 세금이 급격히 늘어날 수밖에 없다.

고숙련 인재 부족 현상도 경제 성장의 발목을 잡는다. 모든 선진국이 신성장 산업에 필요한 전문인력의 부족을 호소하고 있으며 하이테크 산업을 선도하는 미국에서도 새로운 산업을 창조하는 과학기술 인력을 자체 공급하지 못한다.

결과적으로 선진국들은 노동인구를 늘리고 전문 인력 부족 현상을 해결하기 위해 이민을 적극적으로 추진할 수밖에 없다. 2014년 5월 현재 OECD 국가의 평균 외국인 비율은 8.6%에 이른다. 한국의 경우 이민자에 대한 인식은 여전히 부정적이지만 국내 외국인 수는 급격히 늘어 2000년 21만 명이었던 외국인 노동력은 2014년에 170만 명이 됐다.

역사적으로도 선진국 중 이민에 의존하지 않고 경제 성장을 한 국가는 일본이 유일하다. 하지만 저출산 고령화, 재정 파탄 등 인구 감소에 따른 일본의 구조적 문제를 감안하면 우리에게 좋은 모델이 아니다.[9] 독일, 스웨덴, 네덜란드 등 2008년 금융위기 발생 후 상대적으로 높은 경제 성장률과 경쟁력을 유지하는 국가는 모두 이주 외국인 비율이 OECD 평균을 크게 상회하는 나라다.

---

9. 주간조선, "이민전도사 권오규 전부총리, '가사도우미 비자 우린 왜 없나'," 2014년 10월 27일.

이민으로 유입된 인구는 통계상 노동 공급 증가로 나타난다. 노동 인구가 늘어나면 국내 산업의 인력난을 해소하고 자본 수익률을 높여 국내 총생산(GDP)도 늘어난다. 이민은 이처럼 생산에 직접 기여할 뿐 아니라 소득 증대와 생산성 향상을 통해 새로운 일자리를 창출하고 기업 투자를 유발한다. 미 하버드대 로버트 배로 교수는 이민률이 1% 상승하면 GDP는 0.1% 늘어나는 것으로 분석한다.[10]

2. 이민자 없으면 실리콘밸리도 없다

이민의 문화·경제적 효과도 크다. 이민자는 노동 의욕이 높아 노동 시장 전체의 경쟁력을 높이고 산업에 활력을 불어 넣는다. 다양한 배경을 가진 이민자가 유입되면 사회의 다양성, 개방성, 창의성이 높아져 첨단 하이테크 산업 발전에 영향을 준다. 이민자를 받아들여 하이테크 혁신을 이룩한 대표적인 나라가 미국이다. '캡링크드(CapLinked)'의 CEO 에릭 잭슨은 "포춘 500대 기업 중 18%를 이민자가 창업했고, 이민자가 CEO인 미국 기업들의 연간 매출액은 7,700억 달러"라며 "이민자의 모험 정신과 창업가 정신을 적극 활용해 경제를 성장시켜야 한다"고 주장했다.[11]

흔히 실리콘밸리의 성공을 도전 문화, 자본력, 연구개발비 투자로 설명하지만 이민 인력도 중요한 경쟁력이다. 실리콘밸리와 같은 혁신 생태계가 제대로 작동하려면 유연하고 다양한 인재가 공급돼야 한다. 내국 인력만으론 혁신 생태계의 인력 수요를 충족할 수 없어 실리콘밸리는 엔지니어, 금융전문가 같은 인력을 해외에서 유치한다.

---

10. 한국경제, "인구의 2%만 이민 유치해도 GDP 2조 원 늘어난다", 2010년 10월 11일.
11. 매일경제, "고숙련 이민자 경제성장 이끌 것", 2014년 10월 14일.

2006~2012년 사이 실리콘밸리에서 시작한 스타트 업의 약 44%를 이민자가 창업했다.[12] 구글의 창업주 중 한 명인 세르게이 브린(Sergey Brin)이 대표 사례다. 러시아 이민 2세인 브린은 6살 때 가족과 미국으로 건너왔다. 학부 졸업 후 스탠퍼드 대학에서 박사 과정을 이수하던 중, 래리 페이지(Larry Page)와 공동으로 구글을 창업했다.

마이크로소프트 등 미국 첨단기업은 H-1B 비자 제도 확대와 같은 정책적 지원으로 전문직 이민을 꾸준히 늘려야 한다고 요구한다.[13] 오라클의 경영 이사인 호프만(Hoffman)은 월스트리트 저널과의 인터뷰에서 "미국에서 이공계 분야의 석·박사를 취득한 학생의 반 이상이 외국인인데 H-1B 비자 쿼터 때문에 일자리를 못 찾고 귀국한다"며 "H-1B 비자를 갖고 있는 많은 외국인 인재가 영주권 취득을 위해 평균 6년을 어중간한 신분(legal limbo)으로 기다려야 하기 때문"이라고 말했다.[14]

3. 외국 인재가 미국 선호하는 건 개방적 문화 때문

모든 선진국이 전문인력 시장을 개방하지만 외국 인재는 미국을 더 선호한다. 전문가들은 주요 요인으로 미국의 교육, 언어, 경제 기회 같은 여건을 꼽지만 미국의 개방적 조직 문화도 크게 작용한다.

---

12. Wadhwa, Vivek. Saxenian, AnnaLee and Siciliano, Daniel. 2012. "Then and Now: America's New Immigrant Entrepreneurs, Part VII." *Ewing Marion Kauffman Foundation Research Paper*. October.
13. H-1B 비자는 미국에 외국인 인재가 미국 기업에 취직할 수 있도록 미국 정부에서 발급하는 비자로 기본 신청 자격은 대학 졸업이다. 학부를 졸업한 사람이 자신의 전공과목을 적용하는 직업에 종사해야 발급받을 수 있으며 이를 이민법에 H전문직종(Special Occupation)이라고 부른다.
14. "Does Silicon Valley Need More Visas for Foreigners?" *Wall Street Journal*. 19 March 2007.

미국은 '외국인이 조직의 최고 책임자로 임명되고 육성되는' 몇 안 되는 선진국 중 하나다. 다른 국가에서는 외국 인재를 단기간 활용하고 내보내는 폐쇄적인 조직 문화가 좀처럼 바뀌지 않는다.

외국인을 최고 경영자로 임명한 미국 기업의 사례로는 마이크로소프트와 펩시코를 들 수 있다. 마이크로소프트는 2014년 2월 인도 출신의 사티아 나델라(Satya Nadella)를 최고 경영자로 임명했다. 펩시코의 회장 겸 최고 경영자인 인도 출신 인드라 누이(Indra Nooyi)는 2010년과 2011년 미국 포춘지가 선정한 '가장 영향력 있는 여성 경제인 50인'에 이름을 올렸다.

외국 인재들은 자유·평등 사상, 실용주의, 개척정신, 개방성 같은 미국의 가치에도 끌린다. 이민자들이 세운 나라인 미국은 이민자 통합 경험도 두텁다. 아랍 이민자의 비율이 다른 문화권 출신을 압도하는 유럽과 달리, 미국은 다양한 문화권의 이민자를 골고루 받아들여 다문화 사회를 운영하는 데 큰 어려움을 겪지 않는다.

실용적인 사고 방식도 도움이 된다. 미국에도 다른 선진국과 마찬가지로 불법 이민, 이민자 복지 부담으로 인해 반(反)이민정서가 존재하지만 이민에 대한 실용적인 정책은 유지된다. 오바마 대통령의 2014년 이민개혁안도 개방적이고 실용적인 이민정책을 보여주는 사례다.

2014년 8월부터 10월까지 2개월간 중국인에 대한 투자이민비자(EB-5) 발급이 중단됐었다. 2014년 발급된 EB-5 비자 가운데 7,000건, 80% 이상이 중국인들에게 돌아가자 내린 조치였다. 미국이 중국이나 해외 반응에 관계없이 국익에 따라 '실용적 관점에서' 이민정책을 추진하고 있음을 보여준다.

미국은 이처럼 개방성, 소프트파워, 다문화 전통을 바탕으로 미국 경제에 필요한 이민 인력을 적극 유치해 선진국에서 가장 경쟁력 있는 인구

구조를 확보했다. 과정에서 불법 이민을 둘러싼 사회적 갈등 같은 문제가 발생하고 이를 해결하기 위한 사회적 비용도 지불한다. 하지만 종합적으로 보면 미국은 경쟁국에 비해 상대적으로 합리적이며 효율적인 이민정책을 추진하고, 이를 통해 국가경쟁력을 강화하는 전형적인 이민강국이다.

제3부
8장. 혁신 이끄는 엔진-명문대

고명현
아산정책연구원 연구위원

미국 스탠퍼드 대학 졸업생과 교수가 창업한 기업의 연간 매출액은 2조 7천억 달러다. 영국 2013년 GDP에 버금가고 같은 해 한국 GDP의 두 배다. '스탠퍼드대 출신의 경제와 혁신 기여에 대한 보고서(2012년)'에 나오는 내용이다. 어떻게 일개 대학의 힘이 이처럼 강력할까.

2013년과 2014년 각각 발표된 상하이 지아오통 대학(Shanghai Jiao Tong University)의 '세계 대학 랭킹(ARWU: Academic Ranking of World Universities)'과 영국 타임즈지의 '타임즈 고등교육랭킹(THE: Times Higher Education)'도 미국 대학의 힘을 보여준다(표 16).

미국 대학들이 상하이 지아오통 순위에는 16개, 타임즈지 순위에는 15개씩 올라 있다. 세계 최고 20개 명문대학 중 75~80%를 미국 대학이 석권한다. 하버드, MIT, 예일, 스탠퍼드, 프린스턴 같이 우리에게 '친숙한' 브랜드 들이다.[1]

세계 최고 명문대답게 미국 대학들의 기금액도 세계 최고다. 다음 〈그림 31〉 '세계 기금 순위 톱 50개 대학'을 보면 1위는 하버드대, 2위는 예일대다. 2009년 문을 연 사우디아라비아의 킹 압둘라 과학기술대학

〈표 16〉 국제랭킹 비교: 톱 20 대학 순위

	상하이 지아오퉁 '세계대학랭킹(2014)'		타임즈지 '타임즈 고등교육 랭킹(2013~2014)'	
순위	대학	국가	대학	국가
1	하버드 대학교	미국	캘리포니아 공과대학교	미국
2	스탠퍼드 대학교	미국	하버드 대학교	미국
3	매사추세츠 공과대학교	미국	옥스퍼드 대학교	영국
4	캘리포니아 대학교 버클리	미국	스탠퍼드 대학교	미국
5	케임브리지 대학교	영국	매사추세츠 공과대학교	미국
6	프린스턴 대학교	미국	프린스턴 대학교	미국
7	캘리포니아 공과대학교	미국	케임브리지 대학교	영국
8	컬럼비아 대학교	미국	캘리포니아 대학교 버클리	미국
9	시카고 대학교	미국	시카고 대학교	미국
10	옥스퍼드 대학교	영국	임페리얼 칼리지 런던	영국
11	예일 대학교	미국	예일 대학교	미국
12	캘리포니아 대학교 로스앤젤레스	미국	캘리포니아 대학교 로스앤젤레스	미국
13	코넬 대학교	미국	컬럼비아 대학교	미국
14	캘리포니아 대학교 샌디에고	미국	취리히 연방 공과대학교	스위스
15	워싱턴 대학교	미국	존스 홉킨스 대학교	미국
16	펜실베이니아 대학교	미국	펜실베이니아 대학교	미국
17	존스 홉킨스 대학교	미국	듀크 대학교	미국
18	캘리포니아 대학교 샌프란시스코	미국	미시간 대학교	미국
19	취리히 연방 공과대학교	스위스	코넬 대학교	미국
20	런던 대학교	영국	토론토 대학교	캐나다

자료: 상하이지아오퉁대학 '세계대학랭킹(2014)' & 타임즈지 '타임즈고등교육랭킹(2013~2014)'.

136 | 제3부 미국의 '펀더멘털'

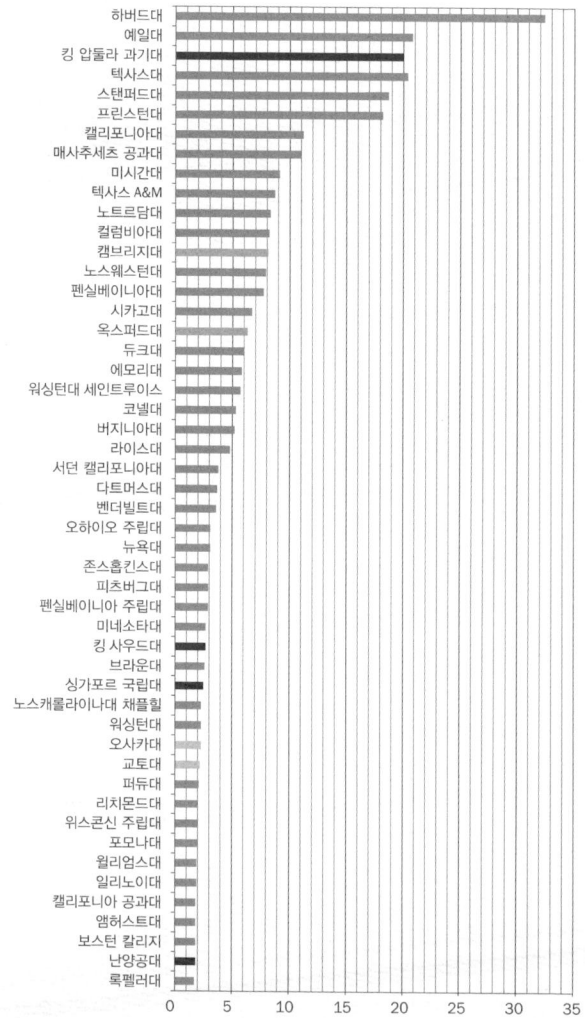

〈그림 31〉 세계 기금 순위 톱 50개 대학

(단위: 10억 달러)

자료: http://www.nonprofitcollegesonline.com/wealthiest-universities-in-the-world/.

(KAUST: King Abdullah University of Science and Technology)이 3위지만 사우디 왕가의 적극적 지원을 받은 것이어서 미국과 단순 비교하기는 어렵다. 세계 기금 순위 톱 50 가운데 42개가 미국 대학이며 이들 대학이 보유한 기금 총액은 2,781억 달러(약 308조 4천억 원)로 톱 50의 기금을 합친 3,229억 달러의 85%나 된다.

미국 명문대의 인적 구성도 세계 최고 수준이다. 이들 대학은 스스로를 'Research University', 즉 연구(중심) 대학으로 자처한다. 학술 데이터 베이스를 운영하는 캐나다의 톰슨로이터(Thomson Reuters)가 2014년 발간한 '세계에서 가장 영향력 있는 과학인(World's Most Influential Scientific Minds)' 보고서에 따르면 3,200여 명의 최고급 과학자 중 절반 이상이 미국에서 활동한다. 그 다음이 영국인데 규모가 미국의 5분의 1 수준인 300여 명 정도다. 제2차 세계대전 이후 노벨상 수상자의 60%가 미국인이거나 미국 대학 또는 연구기관에 소속된 외국인 학자였다. 인용 논문의 톱 자리는 여전히 미국 대학의 교수들이 대부분을 차지한다.

인적, 물적 자원 면에서 세계 최고 수준인 미국 대학은 미국을 강하게 만드는 아주 중요한 자원이다. 미국 대학은 어떻게 이런 경쟁력을 유지하고 국가 혁신과 경제 성장에도 기여하는 것일까.

1. STEM의 국제화로 경쟁력 키우는 미국 대학

미국 대학 교수진의 우수성은 이미 널리 알려져 있다. 대학마다 약간 다

---

1. 사실 두 랭킹 가운데 우리에겐 상하이 지아오통 대학 순위가 더 익숙하다. 하버드 대학교나 명문공대인 MIT, 스탠퍼드대를 제치고 칼텍이 세계 1위를 차지한 타임즈지 랭킹은 조금 낯설다. 톱 10에 3개의 영국 대학이 올랐다는 점도 특이하다. 국내에 잘 알려지지 않은 스위스의 ETH 취리히 공대가 두 랭킹의 톱 20에 오른 점도 흥미롭다.

르긴 하지만 미국 교수들은 정교수가 되기까지 6~9년 동안 계약직으로 공부에 전념하며 학문적 업적을 높이 쌓아야 한다. 그리고 평균 7년 내에 정교수 자격(tenure)을 못 얻으면 곧바로 퇴출이다.

명문대의 정교수가 되려면 열심히하는 것만으론 부족하다. 생산성과 동료 평가가 좋아야 하는 것은 기본이다. 전공 분야에서 '떠오르는 스타'임을 확실히 인정받아야 된다. 미국 명문대에서 정교수가 된다는 것은 그야말로 '하늘의 별 따기'다.

이처럼 철저하게 실력을 닦은 교수진이 있는 대학으로 자연스레 우수 학생들이 모여든다. 그러나 정작 미국에는 우수지원자가 모자란다. 미국 대학은 글로벌화로 이를 해결했다.

미국의 중·고등 교육 수준은 동북아시아와 북유럽 국가들보다 크게 뒤떨어져서 미국의 경쟁력을 깎는 원인으로 자주 부각되곤 한다. OECD는 회원국과 비회원국가의 15세 학생을 대상으로 읽기·수학·과학 분야의 학습 능력을 비교하는 PISA(Programme for International Student Assessment) 평가를 하는데, 여기서 미국 중·고등 교육의 문제가 여실히 드러난다. 미국은 2000년 이후 3년마다 실시된 PISA 테스트에서 늘 중하위권을 맴돌았다. PISA 테스트 상위권은 한국·일본·중국(중국에서는 상하이만 2009년부터 시험에 참여) 등 동북아 국가 출신 학생들이 차지하는데, 바로 이 학생들이 미국 대학의 우수 인재풀이다.

〈표 17〉에서 보듯 아시아권 학생들이 미국 대학으로 몰린다. '인재풀' 딜레마 해결을 위해 미국 대학이 세계를 향해 문을 열었기 때문이다. 특히 과학·기술·공학·수학과 관련된 STEM(Science, Technology, Engineering, and Mathematics) 분야론 전 세계의 우수한 교수, 학생이 대거 몰린다. 2003년 미국 대학에선 공학 교수의 38%, 수학의 29.2%가 해외 출신이며 의학 분야의 교수·연구진은 35%가 외국인이다. 그러나

〈표 17〉 국가별 미국 유학생 수

(단위: 명)

국가별	유학생 수
중국	210,452
인도	97,120
한국	70,024
사우디아라비아	33,066
캐나다	25,978
일본	19,339
베트남	15,083
멕시코	13,456
터키	11,597
네팔	9,319

자료: 유네스코, 2012.

STEM 분야를 제외하면 해외 출신 교수 비중은 크게 낮아져 2007년에는 전체 교수 703,463명의 4.4%밖에 안 됐다. 일부 첨단 기술 및 경제 분야, 그리고 몇몇 명문 대학을 제외하면 실제로 미국에서 인적 구성이 세계화된 분야는 많지 않다(해외출신 중 미국 시민권자 제외). 미국 대학이 돈을 펑펑 쓰며 해외 학자를 끌어 모으는 것이 아니라, 미국의 국가경쟁력 유지나 향상에 도움이 되는 과학 기술 분야의 인력 유치에 집중하고 있다는 사실을 알 수 있다.

마찬가지로 STEM 분야를 제외하면 유학생 비율도 높지 않다. 미국의 4년제 대학 학부생은 2013년 현재 1,060만 명인데 해외 유학생 비율은 3%를 조금 넘는다. 전 세계 우수 인재의 대부분은 학부보다는 STEM 분야 석박사 과정에 몰린다. 다음 〈표 18〉이 이런 상황을 잘 보여준다.

표에 따르면 해외 유학생 비율은 대학원 과정부터 높아져 2003년에는 STEM 분야 박사 과정에 있는 학생의 최소 1/3이 해외 출신이다.

특히 컴퓨터공학, 항공우주공학, 토목공학, 전자공학, 기계공학 분야의 박사 과정에는 해외 출신이 절반을 넘는다. 유학생이 없으면 이들 분야에 있어서 만큼은 미국 대학도 경쟁력을 잃는 구조다.

요컨대 미국 대학의 경쟁력은 시설과 설비 투자가 크게 필요한 과학 기

〈표 18〉 대표적 STEM 분야 외국인 학생 비율(2003)

(단위: %)

	학사 이상 (석박사 포함)	석사	박사
모든 STEM 분야	18.8	27.2	34.6
컴퓨터공학	29.9	46.5	57.4
수학	18.5	25.5	43.1
화학	25.3	42.1	37.0
물리학/천체학	32.6	34.4	40.1
항공우주공학	16.4	29.6	52.6
화학공학	26.0	49.4	47.0
토목공학	24.9	39.3	54.2
전자공학	34.1	45.9	57.5
산업공학	21.5	33.1	42.0
기계공학	23.0	34.3	52.2

자료: National Science Board, Science and Engineering Indicators 2010, Table 3-24. Foreign-born proportion of individuals with highest degree in S&E, by field and education level: 2003.

술 분야에 집중돼 있다. 세계 최고 수준의 발전 기금을 이용해 과학 기술 분야에 과감히 투자하고, 세계 최고의 교수진을 확보한 뒤 이를 바탕으로 전 세계에서 우수 학생을 모은다. 이러한 선순환을 통해 확보된 막강한 인적 자본은 미국 경제를 혁신으로 이끄는 엔진이다.

2. 혁신 클러스터와 접목된 미국 대학

미국 실리콘밸리 한 가운데 자리잡은 스탠퍼드 대학. 역사가 상대적으로 짧고(1885년 설립) 아이비리그(Ivy League)에도 속해있지 않지만 앞서 언급한 두 개의 세계 대학 순위에는 각각 톱 2와 톱 5에 올랐다. 오랫동안 스탠퍼드 대학은 '서부의 MIT'로 여겨졌다. 이공계통의 정체성이 강하다는 의미인 동시에 더 오랜 역사를 가진 MIT에 가려 있는 현실도 보여준다. 하지만 지금은 스탠퍼드대가 실리콘밸리의 중심이자 미국 경제 혁신의 상징으로 등장하면서 전세가 역전됐다. 오늘날 스탠퍼드는 하버드를 위협하는 수준으로까지 발전했다.

스탠퍼드대의 사례는 대학이 어떻게 창업과 혁신의 산실이 되고 경제를 견인하는지 보여준다. 이 대학 출신이 창업하거나 공동 창업한 기업 중에는 쟁쟁한 회사들이 많다. 시스코(Cisco, 세계 최대 네트워크 기기 생산 업체 중 하나), 인텔(글로벌 반도체 업체), 야후, 넷플릭스(Netflix, 세계 최대 컨텐츠 스트리밍 업체), 페이팔(Paypal, 온라인 결제 시스템 회사), 일렉트로닉 아츠(Electronic Arts, 세계 최대 컴퓨터 게임 업체 중 하나), 유튜브, 휴렛 팩커드(Hewlett Packard) 그리고 구글이 대표적인 예다(*The Independent*). 스탠퍼드대의 두 교수가 발표한 '스탠퍼드대 출신의 경제와 혁신 기여에 대한 보고서'에 의하면 1930년부터 이 대학 출신 졸업생과 교수가 창업한 기업은 39,900개로 5백 40만여 일자리를 창출했다.

스탠퍼드 출신 최고 경영자(CEO)들은 모교에 기부금만 제공하는게 아니라 후배들을 멘토링하는 방식으로도 기여한다. 대학 자체가 일종의 벤처기업의 인큐베이터(incubator)로 기능한다. 이 대학의 창업과목 수강생들은 다른 벤처 창업자들보다 투자를 유치할 확률이 더 높다. 학생들이 학점을 받으려면 지역의 벤처캐피털 회사 전문가들도 심사위원으로 들어가는 창업 경연 대회에 참가해야 하며 이런 자리에서 즉석 투자 계약이 벌어지기도 하기 때문이다.

스탠퍼드 대학 출신들은 상당수가 졸업 후 대학 인근에 남아 창업한다. 위의 보고서에 따르면 이 대학 출신 기업가의 최대 39%가 학교에서 자동차로 1시간 걸리는 거리 안에 창업했다. 휴렛 팩커드와 구글이 대표적인 사례다. 이 대학이 실리콘밸리 내에 있어 그런 현상이 두드러질 수 있지만 산업 클러스터가 대학을 중심으로 발전하는 경우는 많다.

미국에는 실리콘밸리 말고도 지역 경제와 혁신을 리드하는 혁신 클러스터들이 여럿 있다. 〈표 19〉는 대학을 중심으로 형성된 혁신 클러스터를 보여준다.

혁신 연구로 유명한 하버드 대학교의 마이클 포터(Michael Porter) 교수와 모니터 그룹(Monitor Group) 컨설팅이 공동 분석한 2001년 '미국의 혁신 클러스터에 대한 보고서'에는 지역 경제를 이끄는 4대 요소가 제시돼 있다.

첫 번째는 기업가 정신(entrepreneurship)이다. 새롭고 혁신적인 아이디어를 창업과 연결하는 기업가가 필요하다는 의미다. 두 번째는 새로운 아이디어를 개발하고 확산시킬 수 있는 대학과 같은 연구기관이다. 세 번째는 이를 육성하는 정부 정책, 네 번째는 기본 토대가 되는 지역 경제다. 포터 교수는 첫 번째와 두 번째 요소를 특히 중시한다.

포터 교수는 '어떤 지역에 혁신적 기업가가 탄생해 창업하는 것은

〈표 19〉 대학 중심 혁신 클러스터

클러스터	특화 분야	중심대학
보스턴	교육, 정밀기기	하버드, MIT
피츠버그	중공업, 생산설비	카네기 멜론, 피츠버그
랠리더햄	우주항공, 방위산업	UNC(채플힐), 듀크
애틀랜타	건설, 유통	에모리, 조지아텍
샌프란시스코(Bay)	통신기기, IT	스탠퍼드, UC 버클리
샌디에이고	제약, 바이오	UC 샌디에이고

자료: 하버드대 마이클 포터 교수의 '미국의 혁신 클러스터에 대한 보고서'.

운'이라는 입장이다. 철강왕 카네기가 피츠버그를, 마이크로 소프트의 빌 게이츠가 시애틀을 기반으로 세계 최고의 기업을 일궈낸 것은 그 도시가 다른 곳보다 특별해서가 아니라 '순전히 운이 좋았기 때문'이다. 하지만 '운'에 머물지 않고 지역 경제에 뿌리 내린 혁신을 확고히 제도화하는 매개가 바로 대학이라는 게 포터 교수의 주장이다. 좋은 대학과 연구기관이 지역 기업의 혁신을 이끌 고급 인력을 끊임없이 배출하고, 대학도 기업의 도움을 받아 훌륭한 교수진과 학생을 모으는 선순환이 가동된다. 그런 점에서 미국 대학들은 혁신 클러스터의 핵심이며 미국 경제를 이끄는 엔진이다.

3. 결론

미국 대학이 국가 경쟁력을 뒷받침할 수 있게 만드는 키워드는 세계화, STEM 그리고 클러스터다. 미국에선 명문대일수록 세계화돼 있다. 명문대 학생의 10~15%는 해외 출신 유학생이며, 과학 기술 분야에서는 그 비율이 더욱 높다. 미국 명문대의 과학 기술(STEM)에 대한 사랑은 남다르다. 프린스턴과 같은 명문대학엔 의과 대학원, 비즈니스 스쿨, 로스쿨이 없지만 공대와 자연 계열의 대학원 수준은 세계 최고다. 미국 명문대는 한마디로 과학 기술 중심의 연구대학이며 꾸준히 기금을 모금하는 이유도 자본 집약적 투자가 필요한 과학 기술 연구를 지원하기 위해서다.

미국 명문대는 혁신 능력을 바탕으로 지역 경제 발전을 위한 인적·학문적 지원을 마다하지 않는다. 전 세계가 부러워하는 혁신 클러스터의 상징인 실리콘밸리는 스탠퍼드 대학 없이는 상상할 수 없다.

미국에서도 대학은 상아탑(ivory tower)으로 불린다. 사회와 거리를 두고 고고하게 학문에 매진한다는 뜻이다. 하지만 현실은 조금 다르다. 명문대일수록 세계를 향해 문을 더 열고, 더 치열하게 경쟁하며, 한발 앞서 세계를 리드한다. 우리에게 시사하는 점이 많다.

제3부
9장. '미국판' 경제·군사 병진 정책

최강
아산정책연구원 부원장

21세기 초반부터 계속돼 온 '테러와의 전쟁', 그 와중에 발생한 금융위기는 미국의 쇠락을 기정사실로 하는 듯했다. 쇠락은 경제 부분에 국한되지 않고 군사적으로도 더 이상 '세계의 경찰' 역할을 못할 것이란 전망으로 이어졌다. 이는 착시현상이었다. 금융위기와 대테러 전쟁의 피로감 속에서도 미국은 군사적으로 늘 최강이었다.

경제가 회복되고 그에 따라 재정 적자가 줄면 우선 예산 삭감의 주 대상이었던 국방비의 감축 규모가 줄어 흔들렸던 군사대비태세가 재정비될 수 있다. 또 새로운 투자 여력이 발생해 '신속히, 더 많이' 최첨단 무기 체계를 개발하고 확보할 수 있다.

버락 오바마 대통령은 2016년 국방예산(순 국방부 예산)을 시퀘스터(연방예산자동삭감)가 예정대로 적용됐을 경우보다 380억 달러 늘어난 5,610억 달러 규모로 편성했다.[1] 여기엔 '경제 부흥 효과를 반영해 예산

---

1. The President's Budget for Fiscal Year 2016, 2015. http://www.whitehouse.gov/omb/budget.

자동 삭감을 없앤다'는 기조와 '미국판' 경제·군사 병진 정책으로 새로운 팍스 아메리카나(Pax-Americana) 시대를 열겠다는 오바마 대통령의 의지가 반영돼 있다. 오바마 대통령은 예산안 발표 이후 미국 국가안보전략서(NSS: National Security Strategy)를 통해 "미국이 세계를 주도해야 한다. 강력하고 지속적인 미국 리더십이 필요하다"[2]고 강조했는데 이 역시 같은 맥락이다.

1. 미국의 쇠락으로 대두된 '세력전이(勢力轉移)' 주장

소련 붕괴로 시작된 탈냉전 기간 중 미국은 세계 유일 초강대국으로서 절대적 지위와 영향력을 유지해 왔다. 그러나 21세기에 들어서면서 상황은 변하기 시작했다. 대테러 전쟁의 어려움, 금융시장 붕괴와 불황, 엄청난 재정 적자와 예산 삭감으로 미국의 대외정책은 고립주의화 되고 막강한 군사력을 유지하고 건설하는 데 심각한 장애가 발생하였다. 외교적 지위 유지와 영향력 행사에 필수적인 군사력 활용도 재정적 어려움 때문에 위축됐다. 그 결과 '유일 초강대국 미국'의 지위가 유지될 수 있을지에 대한 의문과 회의가 대두되면서 '세력전이(power transition)' 담론이 힘을 받기 시작하였다.

'세력전이' 담론 속에서도 미국은 절대강자의 지위를 유지했다. 경제가 회복되면 미국의 위상을 당분간 누구도 넘볼 수 없을 것이다.

미국의 쇠락이 다시 고개를 들기 시작한 시점은 2001년 9월 11일 세계무역센터에 대한 테러 공격이다. 미국 본토에 대한 사상 초유의 직접 공격인 9.11 테러는 국가안보의 허점과 취약성을 여실히 드러냈다. 그리고

---

2. The White House, National Security Strategy, 2015, i.

아프가니스탄 전쟁(2001. 10. 7~2014. 12. 28), 이라크 전쟁(2003. 3. 20~2011. 1. 23)으로 이어진 '테러와의 전쟁(war on terror)' 과정에서 미국의 대외정책은 '일방적 군사주의(unilateral militarism)', '미국식 국제주의(American Internationalization)'라는 비판을 받으며 불신의 대상이 됐고 그 결과 미국의 도덕성과 합리성은 크게 훼손됐다. 나아가 총 전비 약 1조6천억 달러를 쏟아 부으며 미국 역사상 최장기 전쟁으로 기록된 '테러와의 전쟁'은 '첨단 군사력으로 무장한' 미국에 대한 신뢰를 강화하기보다 능력과 판단력에 대한 회의를 확산시키고 안보 문제 해결에서 군사력의 한계를 드러냈다.

이에 더해 2007년 말 리먼 브라더스 사태로 시작된 미국 금융위기가 국제 금융위기로 확산되면서 미국이 세계 경제를 선도할 능력이 있는지 회의가 더욱 깊어졌다. 악화된 국내 경제 상황은 미국으로 하여금 대외 문제보다 국내 문제에 집중하게 만들었고, '세계의 경찰'로 국제안보 문제 해결에 적극 개입하고 주도하던 미국은 소극적·선택적으로 대응하는 위축된 모습을 보였다. 이를 계기로 국제사회에서는 '미국이 고립주의 노선을 추구할 것이다. 팍스 아메리카나 시대는 종식됐다'는 주장이 탄력을 받기 시작했다. 더욱 심각한 문제는 국방 예산 삭감이다.

경기 침체가 한창이던 2011년 8월 미 공화당과 민주당은 국가부채를 줄이기 위해 10년간 4,870억 달러 규모의 국방 예산을 삭감하고 이에 더해 시퀘스터로 6천억 달러를 더 줄이는 것을 내용으로 하는 예산통제법(Budget Control Act)에 합의했다. 시퀘스터는 연도별 국방 예산 최대허용한도(시퀘스트레이션 캡, sequestration caps)를 정해 행정부가 그 이상의 국방 예산을 지출하지 못하도록 사실상 예산을 삭감하는 제도다. 이 제도가 도입되자 미국의 군사력 유지와 건설에 심각한 장애가 발생했다는 우려가 터져 나왔다.

〈표 20〉 BCA/BBA 기준 전력구조(회계연도 2016~2019)

(단위: 천 명)

	2016	2017	2018	2019	감축 비율(%)
육군	470	450	430	420	-17.6
해병대	179	175	175	175	-7.4
주방위군(육)	336	329	322	315	-11.0
예비군(육)	195	190	186	185	-8.5

해군[a]	2016	2017	2018	2019
항공모함	10 (-1)[b]	10 (-1)	10 (-1)	10 (-1)
순양함/구축함[c]	89	90	91	92
운용	72 (-6)[b]	73 (-6)	73 (-7)	75 (-7)
비축	17 (+6)	17 (+6)	18 (+7)	17 (+7)

공군	2016	2017	2018	2019
전술항공기 비행중대	26	26	26	26 (-1)[d]
공중급유기	460 (-6)	463 (-15)	468 (-12)	468 (-17)[e]
U2	32	-	-	-
글로벌호크 30	18	21	21	21
글로벌호크 40	- (-11)	- (-11)	- (-11)	- (-11)
프레데터/리퍼 CAPs[f]	35 (-15)	38 (-12)	41 (-11)	45 (-10)

주: 해군과 공군의 자료는 Department of Defense, *Estimated Impacts of Sequestration-Level Funding* (2014)을 참고.

a) 전투함 8척 건조계획 취소로 FY2020 이후 영향이 더 클 것으로 예상.
b) 조지워싱턴호(CVN-73)와 휘하 항모비행단 퇴역.
c) 기준 11개 순양함 비축에 더해 점검·장비현대화 대기 중인 6개 구축함 추가 비축.
d) F-35A 1개 중대 삭감.
e) KC-10 퇴역, FY2016부터 시작.
f) BCA/BBA 예산하에서 FY2018과 FY2019에 MQ-9 리퍼 비행단 축소.

예산통제법에 따라 국방비가 감축될 경우 2019년까지 육군은 42만 명(-17.6%), 해병대는 17만5천 명(-7.4%), 주방위 군은 31만5천 명(-11%), 예비군은 18만5천 명(-8.5%) 수준으로 감축되기 때문이다. 해군과 공군의 경우 병력규모에 큰 변화는 없으나, 주요 무기체계를 감축하고 신규 무기체계의 개발과 획득이 취소되거나 연기된다.

2. 경기 타지 않는 군비 지출… '넘볼 수 없는' 美 군사력

그러나 군사력 약화가 현실화될 가능성은 없다. 단순히 양적 비교만 해도 현재 미국의 국방비는 규모 면에서 세계 1위다. 시퀘스터가 적용돼도 순위에 변동은 없고, GDP 대비 연 3~4% 수준의 국방비도 유지할 수 있다.

시퀘스터에 따른 최악의 상황을 가정해도 지상군 병력 외엔 크게 감소하지 않는다. 현재 대규모 지상군 병력이 투입될 가능성이 있는 지역은 중동과 한반도다. 두 지역에서 동시에 전쟁이 발생할 경우를 제외하면 미국은 15~20만 병력을 투입할 수 있는 능력은 갖추고 있다. 이 정도의 지상군은 과거보다 적지만 절대적으로 부족한 규모는 아니다. 수적 열세는 새로운 첨단무기로 보완될 수 있다. 따라서 대규모 전쟁이 장기화 되는 경우가 아니라면 미국 군사력의 한계가 나타나는 경우는 상상하기 어렵다.

더 중요한 점은 미국 국방비가 경제보다 안보상황에 좌우되고, 미국은 경제가 어려워도 필요한 국방비는 쓰는 나라라는 점이다. 〈표 21〉에서 보듯 1998년 이후 2013년까지 경제 성장률이 출렁여도 GDP대비 국방비는 3~4%로 안정세를 유지했다. 특히 금융위기로 경제위기가 시작된 2008년 이후에는 오히려 그 비율이 4% 이상으로 올라갔다.

〈표 21〉 미국 경제성장률과 국방비 지출

	GDP (백만 달러)	GDP 성장률 (연, %)	국방비[a]	GDP 대비 국방비 (%)	국방비 증감률 (연, %)
1988	5,252,600	4.2	293,093	5.6	-
1989	5,657,700	3.7	304,085	5.4	3.8
1990	5,979,600	1.9	306,170	5.1	0.7
1991	6,174,000	-0.1	280,292	4.5	-8.5
1992	6,539,300	3.6	305,141	4.7	8.9
1993	6,878,700	2.7	297,637	4.3	-2.5
1994	7,308,800	4.0	288,059	3.9	-3.2
1995	7,664,100	2.7	278,856	3.6	-3.2
1996	8,100,200	3.8	271,417	3.4	-2.7
1997	8,608,500	4.5	276,324	3.2	1.8
1998	9,089,200	4.5	274,278	3.0	-0.7
1999	9,660,600	4.8	280,969	2.9	2.4
2000	10,284,800	4.1	301,697	2.9	7.4
2001	10,621,800	1.0	312,743	2.9	3.7
2002	10,977,500	1.8	356,720[b]	3.2	14.1
2003	11,510,700	2.8	415,223	3.6	16.4
2004	12,274,900	3.8	464,676	3.8	11.9
2005	13,093,700	3.3	503,353	3.8	8.3
2006	13,855,900	2.7	527,660	3.8	4.8
2007	14,477,600	1.8	556,961	3.8	5.6
2008	14,718,600	-0.3	621,131	4.2	11.5

	GDP (백만 달러)	GDP 성장률 (연, %)	국방비[a]	GDP 대비 국방비 (%)	국방비 증감률 (연, %)
2009	14,418,700	-2.8	668,567	4.6	7.6
2010	14,964,400	2.5	698,180	4.7	4.4
2011	15,517,900	1.6	711,338	4.6	1.9
2012	16,163,200	2.3	684,780	4.2	-3.7
2013	16,768,100	2.2	640,221	3.8	-6.5

자료: 세계은행 세계개발지수; 스톡홀름국제평화연구소(SIPRI) 세계 군비 지출 데이터베이스.
주: a) SIPRI가 추정하는 미국 국방비는 '광의의 국방비'로 국방부, 국토안보부, 국가 보훈처, 에너지부 핵안보실, 정보기관 계좌, 국제관계 관련 일임계정 예산이 모두 포함된다. 따라서 미국 국방부의 예산만을 의미하는 국방비는 다르다.
b) 이때부터는 국토안보부 예산이 국방비에 포함돼 계산됨.

    탈냉전기에 들어서 미국 국방비는 1990년 걸프전 때를 제외하면 지속적으로 감소하였다. 그러다 2001년부터 시작된 아프가니스탄·이라크 전쟁과 같은 '테러와의 전쟁' 기간에는 경제적 어려움에도 불구하고 국방비는 지속적으로 증가했다. 국방비 총액은 이라크·아프간 두 전장에서 철군을 시작한 2012년부터 줄어들었다. 이는 미국의 국방비는 경제상황이 아닌 안보상황과 연동되고, 미국은 경제가 어려워도 필요한 수준의 국방비를 지출하는 의지와 그럴 수 있는 능력을 갖고 있음을 증명한다.

    2011년 통과된 예산통제법에 따라 국방예산이 삭감돼도 미국의 국방비와 군사력은 여전히 세계 최대·최고 수준이다. 예산통제법을 따를 경우 국방예산이 2017년에는 5,123억 달러, 2018년에는 5,247억 달러, 2019년에는 5,371억 달러로 점증하는 것으로 추정된다(BCA/BBA 추정치). 그런데 올해 오바마 대통령은 국방비(국방부 예산)를 크게 늘린 예산안을 의회로 보냈다. 예산안이 수용되면 2017년에는 5,473억 달러,

2018년에는 5,564억 달러, 2019년에는 5,644억 달러, 2020년에는 5,700억 달러가 된다. 해외긴급작전예산을 제외한 기본예산을 기준으로 볼 때 탈냉전기 어느 시기의 국방예산보다 큰 규모다. 안보를 강조하는 공화당이 오바마 대통령의 국방비 증액 요구와 시퀘스터 폐기를 무작정 거부하기는 힘들다는 점에서 예산안의 수용 가능성도 점쳐진다.

향후 미국의 국방예산규모가 어떻게 '더 커질지'를 예측하기는 어렵다. 이슬람국가(IS) 사태로 불안정해진 중동상황, IS 격퇴를 위한 제한적 지상군 파견, 우크라이나 사태로 악화된 미국과 러시아의 관계, 부상하는 중국에 대한 경계심 같은 요소가 작용해 미래 국방력 건설을 위해 국방비를 증액해야 한다는 여론이 탄력을 받을 수 있다.

또 나아지고 있는 미국의 경제 상황은 국방비 증액에 유리하게 작용할

〈표 22〉 미국·중국·러시아 군사력 비교

	미국	중국	러시아
병력(명)	149만2,000	233만3,000	84만5,000
육군	58만6,700	160만	25만
해군	32만7,700	23만5,000	13만
공군	33만7,250	39만8,000	15만
기타	해병대 19만9,350 해안경비대 4만1,200	제2포병 10만	공수 3만5,000 전략 8만 지휘/지원 20만
국방비(억 달러)	6,004	1,122	682
전차(대)	6,285	6,913	20,750
ICBM(기)	450	66	356
SLBM(기)	336	12	144

	미국	중국	러시아
지대공미사일	1,296	278	1,570
전략폭격기(대)	91	20	78
전투기(대)	2,081	1,859[a]	1,179[a]
스텔스전투기	237[b]	J-20/J-31 개발 중	PAK-FA(T-50) 개발 중
UAV(무인기)	905[c]	?[d]	?[e]
조기경보기	33	8	23
잠수함	72	70	64
핵전략잠수함	14	4	11
항공모함	10	1	1
구축함	62	15	18

자료: 대한민국 국방부, 『국방백서 2014』; 英 국제전략문제연구소(IISS), *Military Balance* 2014; 일본 방위성, 『국방백서 2014』.

주: a) 전투(폭)기 숫자로서 해군 전력을 포함.
　b) F-22A, F-35 Lightening II (A/B/C) 포함.
　c) 실전배치 및 예비전력 포함.
　d) BZK-005, BZK-007, CH-1 *ChangHong*, *Chang Kong 1*, *Firebee*, *Harpy* 등 운용, 개체 수 미상.
　e) Tu-143 *Reys*, Tu-243 *Reys*/Tu-243 *Reys* D, Tu-300 *Korshun*, BLA-07, *Pchela*-1, *Pchela*-2, *Pchela*-1T 등 운용, 개체 수 미상.

수 있다. 예산자동삭감이 조정되거나 폐지될 가능성이 높고, 충분하지는 않지만 필요한 수준의 국방비를 확보하고 지출하는 데는 어려움이 없어 보인다.

핵심 무기체계를 비교해도 미국은 이미 상대가 없는 절대 강자다. 핵미사일을 미국은 총 4,765기, 러시아는 4,300기 보유하고 있다. 이중 전략핵탄두는 미국이 2,164기를, 러시아가 1,600기를 실전배치 하고 있다.

핵탄두 운송수단인 대륙간탄도미사일(ICBM: Intercontinental Ballistic Missile)과 잠수함발사미사일(SLBM: Submarine-Launched Ballistic Missile)을 미국은 786기, 러시아는 500기 보유하고 있으며, 전략폭격기의 경우 미국이 91대, 러시아가 78대를 가동 중이다. 군사력 증강을 적극 추진하는 중국은 약 250기의 핵탄두, 78기의 미사일, 그리고 20대의 전략폭격기를 보유하고 있는 것으로 알려져 있다. 간단히 말해 미국의 핵 억지력은 강력하다.

현대 재래식 전력 중 핵심은 해·공군력이다. '힘의 투사 능력(power projection capability)'을 가늠하는 척도이며, 전쟁 결과에 중요한 영향을 미치는 요인이다. 해군전력의 핵심은 항공모함과 잠수함이다. 현재 미국은 10척의 항공모함을, 중국과 러시아는 각각 1대의 항모를 운용 중이다. 구축함은 미국이 62척, 중국이 15척, 러시아가 18척을 보유하고 있고, 핵전략잠수함은 미국이 14척, 중국이 4척, 러시아가 11척을 가지고 있다.

공군력의 경우 숫자로만 보면 미국과 중국은 대등하다. 그러나 첨단 전투기 면에서 미국은 절대 우위에 있다. 미국은 현재 총 237대의 스텔스 전투기를 보유하고 있지만 중국과 러시아는 아직도 개발 중이다. 원거리 작전 수행에 필요한 공중급유기는 미국이 905대, 중국이 10대, 러시아가 20대를 보유하고 있고, 조기경보기는 미국이 33대, 중국이 8대, 러시아가 23대를 갖고 있다. 최근 들어 관심이 높아진 무인항공기의 경우 미국은 905대를 보유하고 있는데 중국과 러시아는 아직도 개발 중이다.

탈냉전 이후 지금까지 미국은 신뢰할 수 있는 핵 억제력은 물론 이라크전이나 아프간 전쟁에서처럼 세계 어느 곳에든 군사력을 투사하고 원정작전을 할 수 있는 능력과 기반을 가진 유일한 국가였다.

3. 경제회복으로 국방비 압박 완화… 군사력 혁신 강화될 듯

미국은 경제보다 안보상황에 연동해 국방비를 감축하거나 증액하는 추세를 보여왔다. 경제성장률이 4%대 이상이었던 1997~2000년의 '국방비 총액'과 'GDP 대비 국방비 비율'이 경기침체기인 2008년 이후의 그것보다 적다는 사실이 이를 보여준다(표 21). 또 〈그림 32〉에서 보듯 경제위기가 한창이던 2009~2012년 기간에도 국방비는 계속 증가됐다. 이라크·아프간 전비를 반영했기 때문이다. 경제위기가 한창이었음에도 국방비 총액이 2000년대 초 일시적인 경제호황 때보다 더 많다는 점이 눈에 띈다.

2013~2015년의 국방 예산 감액은 전쟁 종료로 해외긴급작전예산

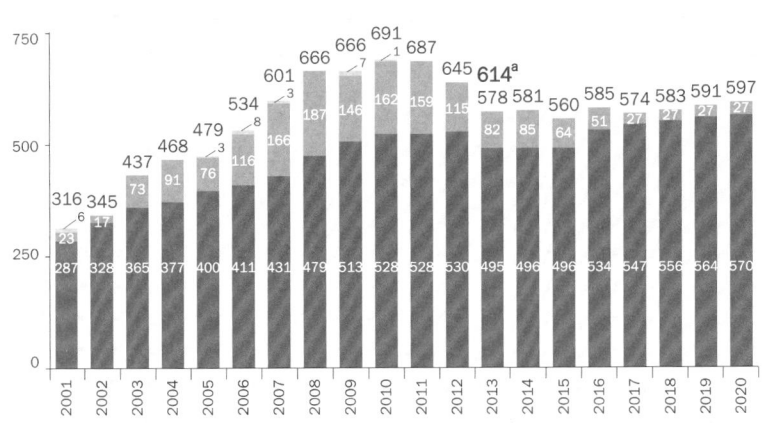

〈그림 32〉 대통령 예산안 국방부 예산 추이 (회계연도 2001~2020년)

(단위: 경상 달러, 10억)

자료: 미 국방부 국방차관실 회계연도 2016년 예산안 발표자료. 여기엔 순수 국방비만 포함되며 국가보훈처 예산 같은 국방 관련 기타 예산은 제외돼 있다.
주: a) 시퀘스터가 적용되지 않은 회계연도 2013년 재정 국방부 예산.

(OCO)이 줄어들었기 때문에 나타난 일시적 현상이다. 2016년도 예산안과 함께 발표된 '국방부 차관실 발표자료'에서 오바마 정부는 2016년부터 국방 예산을 본격적으로 늘리겠다는 방침을 드러냈다. 이는 시퀘스터를 폐지하고 군사대비태세를 위해 국방비를 꾸준히 증액하겠다는 오바마 대통령의 의지를 반영한 것이다.

미국 국방비는 이처럼 안보 상황에 연동되지만 경제 상황에도 영향을 받는다. 시퀘스터로 인해 노후 무기체계를 대체하는 프로그램과 미래 전력용으로 주요 무기를 구입하는 계획들이 순연되거나 규모가 축소돼 왔기 때문이다. 따라서 경기회복으로 재정적자가 해소되면 국방비 압박이 해소되고 시퀘스터 자체가 재조정되거나 폐기되면서 무기 개발과 획득이 적극 추진될 수 있게 된다.

'넉넉한 살림'은 군사혁신도 강화한다. 냉전 종식 뒤에도 미국은 군사혁신(RMA: Revolution in Military Affairs)을 꾸준히 추진해 왔고, 앞으로도 계속된다. 미국은 어떤 나라보다 민·군 협력으로 시너지 효과를 극대화하는 국가다.

군사혁신은 정보·통신 분야의 첨단기술을 활용해 군사전략을 혁신적으로 변화시킴으로써 재래식 전쟁에서 승리하는 데 목표를 둔다. 구체적으론 살상력·파괴력·탐지력·은밀도·정밀도·결정력을 강화하고 무기체계를 새롭게 향상시키며 전략·작전·전술을 개발한다. 혁신의 결과로 무기체계의 무인화·자동화, 타격능력 확대 및 장거리화, 고속화·경량화·스텔스화, 전력의 합동성 제고 등이 구현된다.

무인화의 대표적 체계는 무인항공기(UAV: Unmanned Aerial Vehicle)다. 정찰용으로 개발됐던 UAV가 이제는 전투에도 투입되고 궁극적으로 유인항공기를 대체할 것으로 예상된다. 스텔스의 위력은 이라크 및 아프간 전쟁을 통해 증명됐고 중요성은 날로 커지고 있다. 다른 어떤 국가도 이 분야에서 미국을 따라오지 못한다. 앞서 지적한 바와 같이 러시아와 중국은 스텔스 전투기를 개발하는 단계에 머물러 있다.

미국이 보유한 정밀유도무기의 능력은 두 차례의 걸프전에서 증명됐다. 더 정밀한 차세대 무기도 개발 중인데 초고속 비행으로 전 세계 어디든 몇 시간 내에 타격할 수 있는 글로벌 스트라이크와 전자기력을 이용해 음속의 7배로 날아가 타격하는 레일건이 대표적 무기다.

군사혁신이 새로운 무기의 개발만을 뜻하지는 않는다. 혁신은 전장과 전쟁의 성격과 개념을 근본적으로 변화시킨다. 변화의 한가운데 서 있는 미국은 군사혁신으로 무기의 기술적 진보를 넘어 '게임' 그 자체를 변화시키며 2위와의 격차를 더욱 벌리고 있다.

실전 경험도 기술적 우위에 버금가게 중요하다. 실전 경험이 있는 군과 그렇지 못한 군의 전투력은 비교할 수 없다. 아무리 혹독한 훈련과 연습도 실전 경험을 대체할 수 없다. 실전에서 얻은 경험은 병사 개인들에게도 도움이 되면서 나아가 새로운 전술·작전을 만들거나 무기를 개선하고 신무기를 개발하는 데에도 활용된다.

1945년 제2차 세계대전 이후 발생한 주요 전쟁이나 무력분쟁에 미국은 직·간접으로 개입해 많은 실전 경험을 축적했다. 이라크 전쟁에서 미국은 평균 14만 병력을 유지했고, 아프간 전쟁에는 최저 1만 명(2002년)~최고 9만2천 명(2010년)을 주둔시켰다. 주기적인 병력 교체를 가정하면 40~50만 명의 미군이 실전 경험을 했다고 추정할 수 있다. 다른 어떤 나라의 군인들보다 실전에 강하고 적응력이 높다는 의미다.

걸프전에서 선보인 정밀유도무기와 '공지작전(air-land battle)'이라는 새로운 작전개념에도 그 이전 전쟁의 실전 경험이 반영돼 있다.

4. 결론: 절대 강자의 계속되는 진화

경제위기 때문에 미국의 군사대비태세에 차질이 발생하고 다른 나라와의 격차가 줄며 나아가 추월당할 것이라는 주장엔 전혀 근거가 없다.

우선 미 군사력 쇠퇴론에 기름을 부은 시퀘스터가 흔들린다. 오바마 대통령은 2016년 국방부 예산안에서 '시퀘스터의 압력'을 제거하겠다는 의지를 드러냈다. 의회가 줄이라는 국방 예산을 오히려 늘렸기 때문이다. 경제가 살아나면서 재정이 개선되는 것을 확신한 조치다. 경기가 꾸준히 활성화되면 시퀘스터 자체가 조정되거나 폐기될 수 있고 국방비 감축 압박도 사라져 미국은 미래를 위한 대비에 보다 더 집중할 수 있다.

최악의 경우 시퀘스터가 계획대로 진행돼도 미국의 군사력은 여전히 막강하다. 미국은 경제가 안 좋아도 '써야 할 국방비는 쓰는' 나라이기 때문이다.

미국은 또 새로운 도전을 식별하고, 대응 전략을 구상하며, 이를 시행할 수 있는 능력과 체제를 갖추는 면에서 어느 나라도 따라올 수 없는 충분한 경험과 자정 능력, 시스템을 가지고 있다. 현재 누구도 넘볼 수 없는 유·무형 군사자산을 보유한 절대강자임에도 군사력의 진화와 발전을 위한 노력을 거듭하는 나라다. 그 같은 기반은 하루아침에 이룰 수 있는 것이 아니다.

오바마 대통령은 '경제와 군사력 건설 병진'을 선언했다. '팍스 아메리카나 3.0'의 시작을 알리는 신호다. '회복된 경제', '강력한 국방'이라는 두 개의 튼튼한 축을 중심으로 미국은 더 강력한 리더십을 발휘하며 세계를 선도하려 한다.

집필진 약력

고명현

현 아산정책연구원 여론·계량분석센터 사회정보관리 연구프로그램 연구위원.
Columbia University 경제학 학사 및 통계학 석사, Pardee RAND Graduate School 정책분석학 박사, UCLA Neuropsychiatry Institute 박사후 연구원.

주요 연구분야
사회 네트워크, 복잡계 사회적 상호작용, 질병의 지리공간 모델링.

제임스 김

현 아산정책연구원 지역연구센터 미국연구프로그램 연구위원, Columbia University 국제대학원 겸임 강사. California State Polytechnic University, Pomona 조교수 (2008~2012), RAND 연구소 Summer 연구원(2003~2004) 역임.
Cornell University 노사관계 학사 및 석사, Columbia University 정치학 박사.

주요 연구분야
비교민주주의 제도, 무역, 방법론, 공공정책.

집필진 약력

모종린

현 아산정책연구원 글로벌거버넌스센터 글로벌거버넌스 연구프로그램 선임연구위원, 연세대학교 국제대학원 교수, Stanford University Hoover Institution 연구위원.
The University of Texas at Austin 조교수 역임.
Cornell University 경제학 학사, California Institute of Technology 경제학 석사, Stanford University 정치경제학 박사.

주요 연구분야
협상이론, 한국발전의 정치경제학, 동아시아 국제관계, 글로벌 거버넌스.

오정근

현 건국대학교 금융 IT학과 특임교수, 한국경제연구원 초빙연구위원, 아시아금융학회 회장, 한국금융 ICT 융합학회 공동회장.
한국은행 금융경제연구원 부원장, 동남아중앙은행 조사국장, 고려대학교 교수, 한국국제금융학회 회장 역임.
고려대학교 경제학 학사 및 석사, The University of Manchester 경제학 석사 및 박사.

주요 논저
『창조경제의 기반구축을 위한 정책과제』, 『주요국의 가계부채조정과정 및 정책대응 분석』, 『글로벌 통화전쟁과 동아시아의 선택』, 『경제정책의 유효성』, 『금융위기와 금융통화정책』, 『The Korea Economy: Post-Crisis Policies, Issues and Prospects』.

최강

현 아산정책연구원 연구부원장 겸 외교안보센터장.
국가안전보장회의 정책기획부 부장(1998~2002), 국방현안팀장(2002~2005), 국립외교원 기획부장, 외교안보연구소장, 미주연구부장(2008~2012).
경희대학교 영어영문학 학사, University of Wisconsin-Madison 정치학 석사, The Ohio State University 정치학 박사.

주요 연구분야
군비통제, 위기관리, 북한군사, 다자안보협력, 핵확산방지, 한미동맹, 남북관계.

최현정

현 아산정책연구원 글로벌거버넌스센터 기후변화와 지속성장프로그램 연구위원.
공군사관학교 국방학과 교수요원(1995~1998), 일본 동경대학 사회과학연구소(2003~2004) 방문연구원, IT 전략연구원(現 한국미래연구원) 연구위원(2006), 제17대 대통령직인수위원회 정책연구위원(2008), 청와대 국정기획수석실 행정관(2008~2010), 녹색성장기획관실 선임행정관(2010~2013) 역임.
연세대학교 정치외교학 학사 및 정치학 석사, Purdue University 정치학 박사.

주요 연구분야
기후변화, 녹색성장, 신성장동력, 동아시아 발전주의 국가모델 및 산업정책, 국가미래전략.

주요 논저

"Green Growth for a Greater Korea: White Book on Korean Green Growth Policy, 2008~2012"(김상협 공저, 2013, Korea Environment Institute).

함재봉

현 아산정책연구원 이사장 겸 원장.
연세대학교 정치외교학과 교수(1992~2005), 프랑스 파리 유네스코 본부 사회과학국장(2003~2005), University of Southern California 한국학연구소 소장 겸 국제관계학부 및 정치학과 교수(2005~2007), RAND 연구소 선임정치학자(2007~2010) 역임.
Carleton College 경제학 학사, Johns Hopkins University 정치학 석사 및 박사.

주요 논저

"South Korea's Miraculous Democracy"(2008, *Journal of Democracy*), "The Two South Koreas: A House Divided"(2005, *The Washington Quarterly*), "Confucianism for the Modern World"(Daniel A. Bell 공저, 2003, Cambridge University Press), 『유교, 자본주의, 민주주의』(2000, 전통과 현대), 『탈근대와 유교: 한국적 정치담론의 모색』(1998, 나남).

팍스 아메리카나 3.0
다시 미국이다

초판 1쇄 발행 2015년 4월 13일
 2판 1쇄 발행 2016년 2월 12일

지은이 함재봉, 모종린, 오정근, 최강, 제임스 김, 최현정, 고명현

펴낸곳 아산정책연구원
주소 서울시 종로구 경희궁1가길 11
등록 2010년 9월 27일 제 300-2010-122호
전화 02-730-5842
팩스 02-730-5849
이메일 info@asaninst.org
홈페이지 www.asaninst.org
편집 디자인 EGISHOLDINGS

ISBN 979-11-5570-097-6 03300
값 14,000원

※ 이 책은 아산정책연구원이 저작권자와의 계약에 따라 발행한 것이므로
　본원의 허락 없이는 어떠한 형태나 수단으로도 이 책의 내용을 이용할 수 없습니다.